J. B. A Ahrens

Mexico und mexikanische Zustände in den Jahren 1820-1866

1. Band

J. B. A Ahrens

Mexico und mexikanische Zustände in den Jahren 1820-1866
1. Band

ISBN/EAN: 9783744654456

Hergestellt in Europa, USA, Kanada, Australien, Japan

Cover: Foto ©ninafisch / pixelio.de

Weitere Bücher finden Sie auf **www.hansebooks.com**

Mexiko

und

Mexikanische Zustände.

In den Jahren 1820—1866.

Von

Prof. J. B. A. Ahrens.

Stets um Freiheit buhlt das Gemüth, um Kenntniß;
Doch um uns liegt rings, wie ein Reif, Beschränkung:
Keine Kraft, selbst Tugend vermag der Zeit nicht
Immer zu trotzen.

A. v. Platen.

Göttingen,

Verlag von Adalbert Rente.

1866.

Seinem Freunde und Gönner

Rev. J. M. Follansbee,

M. D., A. M.,

Präsident von Soule Universität, Texas,

ist dieses kleine Werk freundlichst gewidmet, als

Zeichen seiner innigsten Verehrung

vom

Verfasser.

Capitel I.

Einleitung. Ausbruch der Revolution. Hidalgo. Morales. Mina. Wiederholte Tyrannei der Spanier.

Spanien war für Mexiko eine üble Stiefmutter. Vom Jahre 1520 bis 1820 wurde Mexiko von spa= nischen Vicekönigen regiert, und wurde dieses unglückliche Land im Verlaufe dieser dreihundert Jahre von diesen Königen nur als ein spanisches Eldorado betrachtet, von welchem man nur Reichthümer schöpfen müsse, un= bekümmert um die socialen, politischen und religiösen Zustände desselben.

Mexiko ist bekanntlich sehr reich an edlen Metallen, namentlich an Silber; und gelten seine Bergwerke als die einträglichsten der Erde. Es ist berechnet worden, daß Spanien während seines Besitzes von Mexiko jähr= lich im Durchschnitt 18,000,000 Piaster bezog; und daß zwei Drittheile des in der ganzen Welt circuliren= den Silbers von den Bergwerken in Mexiko herstammen.

Was aber erhielt Mexiko als Entschädigung für die Ausfuhr solch ungemeiner Summen? Nichts als eine selbstmörderische Verwaltung von habsüchtigen spa=

nischen Beamten, die nur daran dachten ihre Taschen
zu füllen, und das Volk immer mehr in Despotismus
zu verstricken. Wie dermalen in Galiläa, so wurden
auch hier die Landpfleger in kürzester Zeit reich.

Nur Dummheit und Aberglauben wurden allezeit
von der Regierung gefördert. Eine bekannte Thatsache
ist's, daß zu keiner Zeit mehr als der fünfzehnte Theil
der Bevölkerung lesen und schreiben konnte, und daß
selbst der lesende Theil auf die Mährchen= und Gebet=
bücher der Klosterbrüder angewiesen war. Noch im
Jahre 1807 entging ein Kaufmann mit vieler Noth
der Inquisition, weil er sich vermessen hatte einige
Exemplare von J. J. Rousseau's Schriften von Frank=
reich mit nach der Hauptstadt Mexiko zu bringen.

Daß man heute in Mexiko Wirren, blutige Hän=
del, Bürgerkrieg, Verrath und jetzt zum Theil wieder=
holte Knechtung vorfindet, hat seine natürlichen Ursachen.
Was der große Göthe sagt bezugs der ersten Eindrücke
auf die Jugend, gilt auch hinsichtlich der Nationen.
Spanien hat Mexiko verzogen, und ist dieses wohl die
Ursache der jetzigen Verthiertheit und Verkommenheit.

Es wird gesagt, daß Nationen kein Gewissen hätten,
und daß sie somit hienieden für ihre Vergehungen durch
Kriege und Umsturz gestraft werden müßten. Wird
Spanien dem Racheengel entgehen?

Doch wir greifen der Geschichte vor. Bald nach
der Verbreitung der Nachricht des Umsturzes des mor=

schen bourbonischen Thrones durch Napoleon und der
Erhebung seines Bruders Joseph zum Könige von
Spanien, regte es sich trotz aller Verdummung in allen
Provinzen Mexiko's auf eine solche merkliche Weise, daß
es der damalige Vicekönig Murrigaraz für rathsam
fand, dem Volke, d. i. den Creolen und Indianern viele
Zugeständnisse zu machen.

Die Aristokratie, oder die Altspanier, welche zur
Zeit alle öffentlichen Aemter verwalteten, empört über
die Beförderung der Mittelclassen durch den Vicekönig,
revolirten und entsetzten Letzteren seines Amtes. Das
Krebsübel des totalsten Despotismus fraß nun von
Neuem wieder um sich. Aber dennoch hatte sein letztes
Stündlein geschlagen.

Wie einst Wilh. Tell mit den treuesten Söhnen
der Schweiz sich eidlich verpflichtete, dem Usurpator
ewige Fehde anzukündigen, so schwor Don Miquel
Hidalgo y Castilla, ein Priester einer Provinzial-Stadt,
mit anderen Patrioten, sein Leben, sein Alles der Befreiung Mexiko's zu opfern. In sehr kurzer Zeit
fand sich der brave Hidalgo von einer 80,000 Mann
starken Armee umgeben. Mit diesem Heere begab er
sich schleunigst nach der, größtentheils von Aristokraten
bewohnten Stadt Guanaxuato, erstürmte und plünderte
dieselbe auf ganz summarische Weise. Es wird angegeben, daß Hidalgo hier mehr als 19,000,000 Piaster
in Silber vorfand.

Nach verschiedenen anderen Schlachten fing jedoch der Stern dieses ersten mexikanischen Patrioten an sich zu verdunkeln. In die Enge getrieben vom königlichen General Callejas, wurde er zuletzt, von seinen eigenen Officieren verrathen, gefangen und — erschossen.

In Hidalgo's Fußtapfen trat bald nach diesem sein intimer Freund, der biedere Morales. Gleich seinem Vorgänger war er ein Priester, aber trotz alledem besaß er ein außerordentliches militärisches Talent. In wenigen Monaten gewann er alle südlichen Bezirke von Mexiko auf seine Seite, und im Jahre 1812 gelang es ihm die Verbindung zwischen der Hauptstadt und Veracruz sechs Monate lang abzuschneiden. Aber auch sein Stern ging unter.

Am 1. November 1816 erlitt er nach einer blutigen Schlacht mit dem königlichen Heere unter Callejas eine totale Niederlage, wurde gefangen und zum Tode verurtheilt. Es ist eigenthümlich, daß die Umstände seines Todes denen des Andreas Hofer sehr ähnlich waren. Vor der Hinrichtung betete er laut mit folgenden Worten: „Mein Vater! habe ich in meinen Unternehmungen Recht gehabt, so weißt du zu richten; hatte ich Unrecht — nun, so empfehle ich meine Seele deiner grenzenlosen Gnade." Hierauf erhob er sich mit heiterm Gesicht von seinen Knieen und commandirte selbst „Feuer!" —

Daß ein weit menschlicherer Geist die Seelen der

Rebellen als die der Royalisten belebte, ersieht man aus
Folgendem. Der alte Vater so wie auch die junge
hübsche Frau des jugendlichen Rebellengenerals N. Bravo
fielen in die Hände des Generals Callejas, jüngst zum
Vicekönige ernannt; diese drohte nun der Tyrann zu
tödten, wofern sich besagter General Bravo nicht mit
seiner Armee ergäbe. Diese Uebergabe wurde verwei-
gert; und wurde auch zugleich dem Tyrannen Callejas
angezeigt, daß, im Falle er die zwei erwähnten Gefangenen tödten lasse, fünfhundert Königliche, welche zur
Zeit als Gefangene in Bravo's Händen waren, mit
ihrem Leben die That büßen sollten. Trotzdem wurden der Vater und die Gattin des Generals Bravo
hingerichtet.

Ein Kriegsrath der Rebellen beschloß nun alsobald,
daß die erwähnten 500 Gefangenen am folgenden Tage
dem Schwerte erliegen sollten. Schon war dieses Urtheil vom General Bravo unterschrieben; aber während
der folgenden Nacht wurde derselbe so sehr durch die
lebhafte Vorstellung der kommenden Schreckensscene bewegt, daß er zur Mitternachtsstunde sein Lager verließ,
die Thore des Gefängnisses öffnete und die Gefangenen
entließ. „Geht!" rief er, „geht! — geht schnell!
denn am folgenden Tage werde ich meine Rache nicht
bändigen können!"

Kurz nach dieser Zeit (1816) wurde der Tyrann
Callejas seines Amtes entsetzt; jedoch wurde dadurch

der Sache der „Unabhängigen" wenig geholfen. Sein Nachfolger, Ruiz de Apodaca, war nicht weniger grausam.

Jetzt aber nahm die Rebellion größere Dimensionen an. Ein junger spanischer Edelmann, Xavier Mina, von seiner Regierung vernachlässigt und beleidigt, beschloß, als ein zweiter Cortez, das nun spanische Mexiko zu überwältigen. Mit einigen Getreuen schiffte er sich nach New Orleans ein. Dort angekommen warb er sich noch andere Abenteurer an. Mit 500 Mann schiffte er sich, ein zweiter Lafayette, nach Mexiko ein. Im Mai 1817 landete er mit seiner kleinen Schaar im Hafen Sotola Marino.

Schon fünf Tage später mußte er ein Treffen mit den Royalisten bestehen; und obschon ihm die Letzteren an Zahl zehnfach überlegen waren, so war er dennoch außerordentlich siegreich.

Von den Insurgenten wurde Mina mit großem Jubel empfangen; und in kurzer Zeit errang er mit diesen wiederholte Siege. Aber auch er mußte erliegen.

Verschiedene Male vom Pater Kossares, einem der Rebellengeneräle, durch Neid und Mißgunst hintergangen und beleidigt, zog sich Mina mit seinen 500 Getreuen in die Gebirge zurück. Hier fiel er dem Verrath zum Opfer. Nach einer kurzen aber schrecklichen Gefangenschaft wurde er auf Befehl des Vicekönigs erschossen.

Jedoch mit dem Ableben verschiedener Führer

wurde die Rebellion durchaus nicht erstickt. Unter der erzwungenen Asche loderte das Feuer nur um so umfangreicher.

Augenscheinlich waren die Royalisten wieder die unumschränkten Herren des Landes. Durch die Wieder=einsetzung der Bourbonen in Spanien gelang es dem Vicekönige wieder Truppen vom Mutterlande zu be=ziehen. Auch die Finanzen der Regierung wurden durch den Verkauf von Florida an die Vereinigten Staaten für 5,000,000 Dollars sehr gehoben.

„Fürchterlich“, sagt ein Schriftsteller, „herrschte um diese Zeit das Inquisitionsgericht. Greise, Frauen, — alle, welche man an der Rebellion betheiligt glaubte, erlagen dem Schaffotte.“

Nun wir werden sehen ob solche Tyrannei seinem Endzwecke entsprach.

Capitel II.

Iturbide, als Royalist, Republikaner, Präsident, Kaiser. Aufstand unter Santana. Iturbide's Sturz, Tod. Republikanische Staatsverfassung unter Vittoria.

Don Augustin Iturbide tritt nun auf die poli=
tische Schaubühne Mexiko's. Bis an sein tragisches
Ende war seine Geschichte mit der von Mexiko innig
verknüpft.

Iturbide entsproß einer einflußreichen altspanischen
Familie. An vielen Kenntnissen reich, zeigte er schon
als Jüngling eine Vorliebe für republikanische Prin=
zipien. Trotzalledem weigerte er sich, als ihn 1812 Ge=
neral Hidalgo aufforderte, sich seiner Armee anzuschließen,
und griff sogar zu den Waffen für die Regierung.

Durch diese unerklärliche Treue gewann Iturbide
das unumschränkte Vertrauen der Vicekönige Callejas
und Apodaca. 1820 ernannte ihn Letzterer zum Ober=
befehlshaber sämmtlicher königlicher Truppen in Mexiko.

Der erste Auftrag, welcher dem neuen Generalissimo
ward, war 500,000 Piaster von der Hauptstadt nach
Acapulco zu escortiren. Jetzt schien ihm der Augenblick
gekommen zu sein, seinen wahren Charakter seinen ver=

meinten Feinden zu entblößen. Flugs setzte er sich in
den Besitz der ihm anvertrauten Gelder; bestach mit
einem Theile desselben seine Armee; erließ eine Procla=
mation in welcher er die mexikanische Nation für un=
abhängig erklärte, und alle Patrioten zu den Waffen
rief, um die bestehende Regierung zu verjagen.

Iturbide scheint vorgehabt zu haben, ein zweiter
Washington zu werden, mit dem Unterschiede, daß er
zur Zeit das mexikanische Volk für eine vollkommene
Republik unbefähigt erachtete. In größter Eile orga=
nisirte er eine provisorische Regierung, welcher er als
Präsident diente. Es wurde nun der berühmte „Iguala-
Plan" entworfen. Diesem gemäß sollte sobald als
dienlich ein europäischer Fürst nach Mexiko berufen wer=
den, um das Oberhaupt einer Republic = Monarchie zu
werden. Auch war in demselben enthalten, daß die
römisch = katholische Religion die ausschließliche Staats=
religion sein solle.

Die Armee der neuen Regierung wuchs nun un=
gemein. Hierzu half viel, daß Iturbide als ein be=
währter Soldat rühmlichst bekannt war. Zudem wußte
er auch seiner Armee auf eine zusprechende Weise zu
schmeicheln. Er taufte sie „die drei Garantien Armee",
angebend daß sie organisirt worden sei zur Vertheidigung
der Religion, Unabhängigkeit und Einigkeit.

Um Iturbide's Zwecke zu befördern, trug sehrviel
dazu bei, daß zur Zeit dieser Bewegung die Aristokraten

unter sich selbst uneinig waren. So z. B. wurde der Vicekönig Apodaca seines Amtes entsetzt und Don Francisco Novella ohne das Gutheißen des spanischen Hofes, an seine Stelle ernannt. Unzufrieden mit diesem Wechsel traten sehr viele königliche Officiere mit ihren Untergebenen zu den Rebellen über. Unter diesen befand sich der später rühmlichst bekannte Bustamente.

Die „drei Garantien Armee" war nun die allgewaltige, die provisorische Regierung die triumphirende; Iturbide erhielt Ergebenheitsadressen von allen Theilen des Landes, in welchen er als „Erlöser", „Retter" ꝛc. genannt wurde; und die altspanischen Aristokraten sahen sich zuletzt mit all ihrer Macht und Herrlichkeit ausschließlich auf die Hauptstadt beschränkt. Auch dieser letzte Ort hätte der siegreichen „drei Garantien Armee" nicht lange wiederstehen können; aber Diplomatik bog vorläufig fernerem Blutvergießen vor.

General O'Donojan war von der spanischen Regierung zum mexikanischen Vicekönige ernannt. Bei seiner Ankunft beeilte sich Präsident Iturbide um eine Unterredung nachzusuchen. Bald nachher trafen sich die beiden feindlichen Herren von Mexiko in höchst freundlicher Weise; und wie sonderbar es auch scheinen mag, es gelang Iturbide, seinen Gegner zur Unterzeichnung des „Iguala-Plans" im Namen des spanischen Hofes zu überreden. O'Donojan behielt sich zwar vor in Mexiko zu verbleiben um die buchstäbliche Ausführung besagten Planes zu überwachen. Er starb jedoch kurz nach diesem sehr plötzlich.

Ohne alle Mühen und Blutvergießen bezog nun im September 1821 die siegreiche Armee die Metropole des Staates. Schon vor diesem waren alle loyalen Spanier und Beamten nach Cuba übergesiedelt.

Zu dieser Zeit war Mexiko vollkommen unabhängig, und Iturbide hatte die höchste Stufe vor Popularität erreicht. Aber ach! die Schaar, die heute „Halleluja" ruft, schreit schon morgen „kreuzige, kreuzige ihn!" Der Befreier Mexiko's fand auch, daß die „gloria mundis" nur von kurzer Dauer ist.

Einem Pronunciomento vom Präsidenten Iturbide gemäß wurden im Anfange des Jahres 1822 Senatoren von den verschiedenen Bezirken erwählt. Diese, 128 an der Zahl, traten schon im März zusammen und organisirten sich als Congreß der mexikanischen Freistaaten.

In diesem Körper bildeten sich bald zwei, schroff einander gegenüberstehende Parteien: die Demokraten, oder solche, welche den „Iguala=Plan" verwarfen und eine reine republikanische Regierung befürworteten; die Royalisten, oder solche, welche den „Iguala=Plan" unterstützten, nur mit dem Unterschiede, daß kein bourbonischer oder habsburger Fürst zum mexikanischen Throne berufen werden solle, sondern daß ein Volksmann, ja, Iturbide selbst, dazu ernannt werden solle. Diese zwei

Parteien bekriegten sich untereinander durch die heftigsten Debatten, sich einander als Volksverräther, Meineidige ꝛc. anklagend. Im Verlaufe einiger Wochen gewann jedoch der demokratische Flügel sehr merklich die Oberhand, indem ein Gesetz im Congreß passirte, welches die reguläre Armee bis auf 20,000 Mann reducirte. Dieses Gesetz war natürlich darauf berechnet, dem Präsidenten die Macht abzuschneiden, sich etwa eigenmächtig zu erhöhen.

Iturbide erkannte die Gefahr, und ersann mit raschem Eifer ein Programm, welches Louis Napoleon später erfolgreicher durchzuführen wußte. Ende Mai 1822 sammelte er seine Getreuen um sich, und diese, vereint mit dem Pöbel, welcher durch Branntwein gewonnen war, ernannten den Präsidenten zum Kaiser, mit dem Titel Augustin I. Schon zwei Tage darauf legten Schmeichler das Epithet „Großer", seinem Titel bei.

Ein frecher Staatsstreich; — war aber so weit glücklich. Der Congreß wurde aufgehoben, ein unter=thäniges Ministerium begründet, wohlwollende Generäle und Beamten ernannt, den Endzwecken dienliche Gesetze erlassen, und überhaupt fand sich Iturbide fest placirt als regulärer Kaiser.

Wie schon erwähnt, war dieses nicht eine allgemeine Volksbewegung. Sie waren darauf berechnet, dem Volke Trotz zu bieten. Nun, was geschah gegenüber diesem Usurpator?

Santana, ein junger General, Günstling des neuen
Kaisers und Oberbefehlshaber der Provinz Veracruz,
ersah mit lüsternen Augen wie leicht es sei, sich zum
Oberhaupt zu schlagen. Sein Plan war bald gefaßt.
Der Kaiser mußte gestürzt werden, um später selbst zu
Macht zu gelangen. Zu diesem Behufe gewann er die
ihm anvertraute Garnison für sich, sprach sich öffent=
lich gegen die Regierung aus, erließ eine neue Unab=
hängigkeitsproclamation, in welcher der Kaiser als
eine giftige Schlange geschildert wurde, und griff schließ=
lich zu den Waffen für die Vertheidigung angeblicher
„gleicher Rechte".

Tausende sammelten sich schnell um seine Fahnen,
und als im zweiten Monate 1823 Augustin I. den
General Echavari mit 50,000 Mann dem Santana
entgegen sandte um ihn zu unterdrücken, ging Ersterer
mit seiner ganzen Armee zu diesem über.

Die Revolution war nun wieder allgemein. Selbst
die treuen Generäle Bravo und Guerrero vermochten
wider die zahlreichen Insurgenten unter Santana nichts
auszurichten. Jetzt erbot sich Iturbide zu vielen Zu=
geständnissen: Taxen sollten erniedrigt werden, und auch
sollte der entlassene Congreß wieder in seine Rechte
treten. Kurz der Congreß trat wieder zusammen, aber
seine Stimmung war dem Kaiser durchaus nicht hold.
Ja man verdammte seine Politik, entsetzte ihn nach
kurzer Sitzung seines Amtes und verurtheilte ihn zu

2

lebenslänglicher Verbannung. Nachdem ihm eine jähr=
liche Pension von 25,000 Piaster zugesichert war, ver=
ließ er im Mai 1823 sein Vaterland und schiffte sich
nach Europa ein.

Die republikanische Partei war nun die regierende.
General Vittoria wurde zum Präsidenten und der uns
schon bekannte Bravo zum Vicepräsidenten ernannt.
Bald folgte eine neue, dem Geiste der Zeit entsprechende
Staatsverfassung. Dieser Verfassung gemäß war ein
jeder 18jährige Mexikaner ohne Ausnahme stimm=
berechtigt. Sclaverei war aufgehoben. Die Dienst=
zeit des Präsidenten sollte 4 Jahre währen. Jeder Be=
zirk von 50,000 Einwohnern war zu zwei Senatoren
berechtigt. Zum Sitz der Central=Regierung wurde die
Bundesstadt Mexiko ernannt. Nur ein Eingeborner
konnte als Präsident erwählt werden 2c.

Doch muß man nicht glauben, daß nun alle Un=
ruhen beseitigt waren. Trotz besagter Verfassung waren
doch die verschiedenen Generäle verschiedener Bezirke die
eigentlichen Regierer des Landes. Diese fuhren fort
sich untereinander zu bekriegen; und wäre wohl totale
Anarchie unausbleiblich gewesen, wenn nicht ein neuer
Umstand die sich bekriegenden Theile wieder verbun=
den hätte.

Im Anfange des Jahres 1824 verbreitete sich
plötzlich das Gerücht, daß der Exkaiser Iturbide beab=
sichtige zurückzukehren, um die Regierung wieder an sich

zu reißen. Die Empörung über dieses Unternehmen war sehr groß. Der Congreß erklärte ihn für vogelfrei, und allerwärts wurden Wachen aufgestellt um den Eindringling zu erhaschen.

Es dauerte auch nicht lange, bis Iturbide wirklich im Hafen Soto la Marina mit seiner Familie landete. Schnell wurde er von seinem früheren Freunde Lagarza empfangen, wurde freundlichst bewirthet und — eine Stunde später verrathen und erschossen!

Wie groß aber war die Scham des falschen Lagarza, als er aus Iturbide's Papieren ersah, daß derselbe nur beabsichtigt hatte als gemeiner Soldat für die mexikanische Freiheit zu kämpfen! Seine Familie wurde mit einer Pension von 8,000 Piastern wieder in das Ausland geschickt.

Iturbide war ein außerordentlicher Mann. Mit einem höchst einnehmenden Aeußern verband er eine Beredtsamkeit, die nicht leicht ihres Gleichen findet. Seine Politik war keine tyrannische. Er wollte das verkommene Volk für den Genuß wahrer Freiheit zur Reife befördern.

Kapitel III.

Der socialen Zuständen Mexikos. Der Creole-Mestize-Neger-Indianer. Ihre Lebensweise, Sitten-Gebräuche. Ein Rath für Reisende.

Ehe wir jedoch fortfahren die politische Geschichte Mexikos darzuthun, müssen wir zuerst seine socialen und religiösen Zustände näher kennen lernen, da in diesen, zu einem großen Theile, die Erklärung der Ersteren zu finden ist.

Um die frühere Verdummungspolitik der spanischen Regierung recht würdigen zu können, muß man erwägen, daß die officielle Eintheilung der Bewohner Mexikos in vernünftige und unvernünftige (gente de razon, gente sin razon), Volksklassen stattfand. Bekanntlich bedurfte es zur Zeit des Iturbide eines päbstlichen Decrets, demgemäß die niedrigeren Classen auch als vernünftige Geschöpfe durften betrachtet werden.

Zur Zeit der Errichtung der Republik hatte Mexiko 8,300,000 Einwohner. Von diesen waren 1,000,000 Creolen; 5,000,000 Indianer; 1,000,000 Mestizen oder Mischlinge. Der übrige Theil bestand aus Negern, Zambos, Mulatten, Terceronen ꝛc.

1. Der Creole.

Es ist dies der eingeborene Weiße und Sprößling
des Spaniers, in dessen Adern jedoch mehr oder weniger
dunkles Blut rollt. Diese unbedeutende Mischung scheint
den Geist nicht zu beschränken. Dieses erhellt schon
die Thatsache daß solche Männer als Iturbide, Santana, Bravo und auch der rühmlichst bekannte Schriftsteller Alexander Dumas in Paris sämmtlich Creolen
waren.

Seitdem die Spanier von Mexiko verbannt waren,
wurden die Creolen die eigentlichen Herren des Landes.
Es sind dieses die Beamten, Grundeigenthümer, Aerzte,
Priester, Advokaten, ꝛc. Der lesende Theil ist fast
ausschließlich auf diese beschränkt.

Aber auch selbst unter diesen war die Bildung
sehr mangelhaft. Zur Zeit der Vicekönige, wurde nichts
für das mexikanische Schulwesen gethan, denn die reichen
Spanier schickten ihre Kinder nach dem Mutterlande,
um sie dort erziehen zu lassen. Nach deren Sturz
hatte die Republik nie viel Zeit sich für Schulen viel
zu interessiren. Der Karthager Bildung zu Hanni-
bals Zeiten war die einzige Bildung der hervorragen-
den Mexikaner. „Don Quixote" und andere Romane
waren die ausschließlichen Bücher welche ich in Monterey, Puebla ꝛc. in den Häusern der Gebildeten vorfand.

Die Lebensweise, selbst der begüterten Creolen ist

höchst einfach. Die Wohnungen sind geräumig, eine Etage hoch, die Zimmer an Möbeln sehr arm, und das Ganze im schlichten Style aufgeführt. Die meisten Wohnungen bestehen aus 4 großen Zimmern welche durch zwei, 12 Fuß breite, sich kreuzende Gänge getrennt sind. Eins bildet den Salon, in welchem aber auch die Besuchenden, wofern sie während der Nacht bleiben, logiren müssen. In einen jeglichen Salon fand ich ein reich ausstaffirtes Bett. Eins der Zimmer wird von der Familie bewohnt, und dient dieses dem Manne und der Frau zum Arbeitszimmer. Das dritte Zimmer ist das Schlafgemach der Eltern. Das vierte dient als Kinderstube.

Gespeist wird gewöhnlich in einem der beschriebenen Gänge oder in einem kellerähnlichen Zimmer, welches unter dem Hause angebracht ist. Auch umringt gewöhnlich ein jedes Haus eine zwölf Fuß breite Veranda, welche von einem auf schlichten Säulen getragenen Dache vor der Sonne geschützt wird. Die prächtigsten Blumengärten umgeben diese Wohnungen; und wohl zu keiner Zeit des Jahres wird man dort die schönsten Rosen vermissen.

Die Mahlzeiten und Speisen der Creolen sind denen der Amerikaner in Texas und Lousiana ganz gleich. Jung und Alt genießt noch im Schlafzimmer eine Tasse sehr starken Kaffee oder Chocolade. Um 8 Uhr nimmt man das Frühstück zu sich. Dieses besteht aus heißem

Kaffee, Beefsteak oder gebratenem Huhn und warmem Maiskuchen (Tortillas). Das Mittagsmahl unter= scheidet sich wenig von diesem; nur daß dem schon er= wähnten ein Nachtisch von süßem Obst, Pasteten und Wein folgt. Das Abendmahl unterscheidet sich vom Frühstück, durch Wegfall des Fleisches. Kaffee oder Chocolade werden bei einem jeden Mahle als unentbehr= lich erachtet. Während der Zwischenzeiten wird selten etwas genossen.

Die Creolinnen kleiden sich Jahr ein, Jahr aus, in Weiß. Nur bei den Besuchen der Kirche wird eine Ausnahme gemacht. Sie gehören bekanntlich zu den hübschesten Frauen der Welt und bewegen sich durch= gängig mit einer Anmuth die sich nicht leicht mit Worten erklären läßt. Regelmäßige Gesichtszüge, dunkele, feurige Augen, marmorweiße Wangen, rabenschwarzes Haar und äußerst kleine Hände und Füße sind ihr Hauptcharakteristiken.

Wie die Creolen, so sind auch ihre Frauen leiden= schaftlich und thätig. Den ganzen Tag über rauchen, nähen, putzen, spielen, singen und tanzen sie in einem fort. Auch waschen sie täglich ihren Mund ein halb= dutzendmal mit Schnupftaback, angeblich, um die Zähne zu erhalten, aber in Wahrheit des süßen Geschmackes halber.

Die Kinder und namentlich die Töchter genießen in moralischer Hinsicht eine sorgfältige Erziehung. Sonder= bar ist's anzusehen wie die kleinen Mädchen in größter

Pracht und Parade einhergehen, indeß ihre Brüder bar=
fuß und im schmutzigen Kittel im Dreck herum spielen!
In keinem Lande hängen die Kinder an den Eltern
mit größerer Zärtlichkeit als hier. Es wurde mir er=
zählt, daß ein junges Mädchen, 14 Jahre alt, von
ihrem Zimmer wahrnahm, daß ihr Vater von einem
Sklaven im nahe gelegenen Felde meuchlings angegriffen
wurde. Statt etwa zu schreien und die Hände zu rin=
gen wie viele andere gethan haben würden, ergriff sie
schnell einen Dolch von der Wand, eilte mit Blitzes=
schnelle hinaus und durchbohrte dem Meuchelmörder das
Herz! Ihr Vater war gerettet.

Die Dienerschaft besteht aus Mestizen und India=
nern, armen Leuten, welche froh sind ein Obdach zu
haben. Es wohnen diese in kleinen Nebenhäusern, und
da deren nicht wenige sind, so hat die Wohnung eines
Creolen viel Aehnlichkeit mit einem deutschen Dorfe.

In keiner Stadt Mexikos findet man Theater
oder Concert. Die einzigen öffentlichen Vergnü=
gungen bestehen in Bällen, Hahnen= und Stierkämpfen,
Wetterennen, Processionen ꝛc. Dem Kartenspiel sind
alle Classen Mexikos, aber namentlich die Creolen lei=
denschaftlich ergeben. Kein Laster richtet größere Ver=
herungen unter ihnen an als dieses.

2. Der Mestize.

Es ist dieser halb Creole, halb Indianer. Er ist

der mexikanische Handwerker und besitzt nächst vieler
Gewandtheit außerordentlichen Fleiß und Ausdauer. Er
vertritt, was man in Frankreich und Deutschland den
Mittelstand nennt.

Geistige und literarische Bildung ist unter den
Mestizen verhaßt. Wahrscheinlich rührt dieses von den
Priestern her, welche bekanntlich solcher Bildung unter
den ordinären Massen gram sind. Ich traf unter meh=
reren hundert Mestizen nur zwei welche zu lesen ver=
standen, und einer von diesen weigerte sich von seinen
Kenntnißen Gebrauch zu machen, indem es ihm im
Beichtstuhl gelehrt worden daß das Lesen Sünde sei.

Die Lebensweise dieser Mischlinge ist noch weit
einfacher als die der Creolen. Auch sie haben drei
Mahlzeiten des Tages, welche durchschnittlich in Rind=
fleisch, Maiskuchen und Kaffee bestehen. Auch sie genießen
viele süße eingemachte Frucht. Gemüse sind unter allen
Classen sehr selten.

Ihre Wohnungen sind klein, und nur mit den
nothdürftigsten Möbeln versehen. Ohne alle Bedienung
muß die Frau spinnen, weben, nähen, stricken, waschen,
flicken, ja alle häusliche Arbeiten selbst verrichten.

Auch des Mestizen Frau ist schön zu nennen; und
wenn sie so viel auf die „Schönheitsbeförderungsmittel"
verwenden könnte als die glücklichere Creolin, so würde
sie derselben nur wenig nachstehen. Des Sonntags
kleidet auch sie sich in Weiß.

Zuweilen geschieht es, daß sich ein Creole in eine hübsche Mestizin verliebt und sie heirathet. Aber wehe der weißen Jungfrau, deren Liebe für einen braunen Jüngling entflammte! Nie würden die Eltern des Mädchens ihre Zustimmung geben, und auch die öffentliche Meinung würde dies Vergehen summarisch verdammen.

3. Der Neger.

Es ist dieses der gleich überall bedrückte, bedrängte, unterjochte und beweinenswerthe Mensch. Wenn alle politische und sociale Aristokratie ein Ende hat, wird doch die des Geistes fortbestehen. In geistiger Hinsicht ist der Neger selbst den verkommenen Indianern weit unterlegen. Während der Vicekönige waren die Neger Sklaven; allein durch die republikanische Regierung frei gemacht, behalten sie nach wie vor ihre untergeordneten und knechtischen Stellen.

Wie bei den Negern der Union, so auch hier kann man bei ihnen ein treues Herz nicht in Abrede stellen. Von allen Mexikanern würde ich mich dem Neger am liebsten mit Leib und Gut anvertrauen. Er ist selten falsch und hinterlistig, und nur dann ist er gefährlich wenn er durch wiederholte Beleidigungen zum Jähzorn gereizt wird.

Die bloße Befreiung des Negers von Sklaverei nützt ihm so weit sehr wenig. Die Welt schätzt keinen

Menschen höher als er sich selbst schätzt. Der Neger wähnt sich heute noch das abhängige Geschöpf welches er vormals war, und somit wird er immer noch als ein solches behandelt. Schulen, Bildung und Religion sind die einzigen Mittel, welche aus den Negern Männer machen können.

In Mexiko werden die meisten Neger zu Köchen, Mägden und zu Arbeitern auf den Plantagen benutzt. Selten nur werden sie Soldaten. Noch seltener ist es, daß sie etwaiges Eigenthum besitzen. Sie besitzen nicht das Selbstvertrauen etwas auf ihre eigene Rechnung zu unternehmen.

Mulatten, Tercerone 2c. lernen sich den bestehenden Verhältnissen schon besser zu fügen und stehen den Mestizen selten nach. Ich fand sogar einen Mulatten welcher ein Priester war.

4. Der Indianer.

Wie schon erwähnt ist die Zahl der Ureinwohner oder Indianer mehr als doppelt so groß als alle andern Rassen in Mexiko zusammengenommen. Noch heute kann man Anzeichen von 40 verschiedenen Sprachen vorfinden, welche vormals von so vielen verschiedenen Stämmen gebraucht wurden.

Die Hautfarbe des Indianers ist rothbraun. Seine Physiognomie ist der der Chinesen am ähnlichsten. Zur Zeit Montezumas hat man wenig von Krankheiten gewußt. Das gewöhnliche Lebensalter war 100 Jahre, und selbst in diesem hohen Alter fand man selten graue Haare, oder beschädigte Zähne. Der Tod erfolgte durch plötzlich eingetretene Schwäche. Die Ursache jedweder jetzt herrschenden Krankheit wird auf den „weißen Mann" geschoben, wegen dessen Einführung „des Feuerwassers" und anderer Gifte.

Wie schon der Name lehrt, werden zwar die zah=men Indianer nicht von solchem Rachegeiste beseelt als die Einwohner der Urwälder der vereinigten Staaten, aber auch unter diesen findet man innigen Haß und Groll gegen die usurpatorischen Weißen. So z. B. sind die Bilder des Heilandes, der Mutter Gottes, Engel und Heilige alle rothbraun. Dem Teufel nur giebt man eine weiße Hautfarbe.

Da wir später die verschiedenen Stämme näher betrachten werden, so wollen wir jetzt nur oberflächlich des Indianers Lebensweise und seine sociale Stellung im Lande angeben.

Ihre Kleidung und Nahrung sind höchst einfach. Der Mann trägt Hirschlederne bis ans Knie reichende Beinkleider. Der Oberkörper wird durch eine baum=wollene Jacke geschützt. Selten nur trägt er Sandalen. Die Frau trägt ein um den Hals zugezogenes Hemd, und um die Hüfte befestigt sie eine selbst gewobene Decke, welcher ihr als Rock dient. Kinder gehen größ=tentheils bis zum zwölften Jahre nackt.

Die Indianer leben gewöhnlich zusammengerottet in kleinen Dörfern, in deren Nähe eine jede Familie 1 oder 2 Acker Land bearbeitet, und den Ertrag zum Markt in die Stadt befördert. Die Wohnungen sind höchst erbärmliche Hütten und größtentheils aus unge= brannten Lehmsteinen oder bloßem Schilfrohr aufge= führt. Dasselbe Zimmer bildet die Küche, Speise=, Schlaf= und Wohnzimmer. Fenster, Thüren, Tische, Oefen, Bettstellen, Stühle, 2c., sind dem Indianer ganz unnütze Dinge. Er wohnt, ißt, trinkt, lebt und han= delt wie ein Thier.

Die gewöhnlichen Speisen und Getränke sind rohes Rindfleisch, Maisfladen und ein ungemein brennendes Gebräu, Chichi genannt, aus rothen Pfeffer und dem Safte des Zuckerrohrs zubereitet. So sehr wirkt dieses Getränk auf das Blut, daß ein auf den Prairien, oder in den Wäldern gefallener Indianer nicht einmal von dem heißhungrigen Aasgeier verzehrt wird.

Das Weib ist im vollen Sinne des Indianers Sklav. Den Mais für's Brod muß sie selbst auf einer Handmühle mahlen. Das Feld muß sie allein bestellen. Den Ertrag muß sie, des Mannes Lastthier, zum Markt befördern, allwo ihn ihr Gebieter verkauft und das empfangene Geld gleich zur Stelle vertrinkt. Ich habe selbst gesehen, daß in einem solchen Falle die unglückliche Frau ihren betrunkenen Mann auf die Schultern lud und ihn eine Stunde weit nach Haus trug.

Wie glücklich sind doch die Frauen der Gebildeten und der wahren Christen verglichen mit diesen armen Geschöpfen! Und wie selten sich diese nun bemühen das Licht der Civilisation allerwärts anzünden zu helfen! Je höher die Stufe von Bildung, desto höher stehen die Frauen in Achtung und Ehren bei den Männern. Und so umgekehrt.

Sehr viele der Indianer dienen aber auch auf den Landgütern der Creolen. Diese nennt man „Pions" und sind ihre Zustände denen der Sklaven auf Cuba ganz gleich. Herzlich froh sind sie wenn man sie für ihren Unterhalt beschäftigt. Ich war auf mehreren solcher Plantagen in der Nähe von Monterey und konnte durchaus keinen Unterschied zwischen diesen und denen in den Südstaaten der Union finden. Die Pions hier und die Sklaven dort waren in jeglicher Beziehung sich gleichgestellt. Beide waren gleich frei und gleich geknechtet.

Der zahme Indianer ist ein mißtrauischer und tückischer Mensch. Was man Gewissen nennt, ist ihm etwas unbekanntes. Er lügt, stiehlt und mordet, ohne etwaiges Unbehagen zu verspüren. Von einem Fremden um seinen Namen befragt, giebt er stets einen andern. Gezwungen sein mit einem durch Wälder zu reisen, heißt auch gezwungen zu sein den Indianer bei der ersten besten Gelegenheit aus Selbstvertheidigung zu erdolchen! Sicherlich würde anderweit die erste Nacht der Reise die letzte werden.

Reisende in Mexiko lernen bald nie da zu schlafen, wo sie bei Sonnenuntergang ihr Lager aufschlagen. Geschähe dieses, so würden sie bald den meuchelmörde= rischen Indianern erliegen. Nun aber, nachdem zu Abend gespeist, und es dunkel geworden ist, reitet man eine Stunde weit, links oder rechts vom Wege ab, wo man dann gewöhnlich sicher ruhen kann.

Es sind dieselben Indianer, welche die großen me= xikanischen Armeen füllten, und noch füllen. Selten jedoch nur zeigen sie sich als tapfere Soldaten. Wofern nach dem ersten Zusammentreffen der Feind nicht weicht oder sich ergiebt, gehen sie zum Feinde über oder desertiren. Nur wenn sie in die Enge getrieben werden, leisten sie etwaigen Widerstand. Wenig kommt es den meisten darauf an, welcher Seite sie dienen. Sie werden Soldaten aus keinem anderen Grunde als Gelegenheit zum Plündern zu erhalten.

Der Indianer spricht jetzt die spanische Sprache; aber wie wohl natürlich, sehr unrichtig und schlecht. Ihre Sprache verhält sich zu dem reinen Spanischen wie das Plattdeutsche zu dem reinen Deutschen.

Auch sind sie leidenschaftliche Spieler und Tänzer. Die ganze Nacht hindurch kommen kaum die Würfel oder Karten aus ihren Händen; und wenn irgend eine Geige sich rührt, so steht kein Fuß stille. Wenn „Feuerwasser" zur Stelle ist, so enden diese Tänze und Spiele nie ohne blutige Händel. — Kein Mensch ist eifersüchtiger als der mexikanische Indianer.

Capitel IV.

Die religiösen Zustände Meriko's. Früheres Heidenthum. Katholicismus. Las Casas. Verderblicher Einfluß des Clerus. Festtage. Reichthum der Kirchen. Wallfahrten.

Wir wollen nun in flüchtigen Umrissen das mexikanische Religionswesen ein wenig näher betrachten.

Bekanntlich waren die Mexikaner zur Zeit ihrer Ueberwältigung durch den grausamen Cortez sämmtlich Heiden. Ihre Mythologie, obschon nicht so vollkommen und interessant als die der Griechen und Römer, ist dieser doch sehr ähnlich. Die Neigungen und Reize des menschlichen Herzens wurden nicht durch Götter personificirt, wie die Kriegslust durch Mars 2c., sondern der Mexikaner begnügte sich mit dem Anbeten von Sonne, Mond und Sternen, der Götter der Jahreszeiten, des Regens, der Nacht, des Windes, der Krankheiten, der Geburt, des Todes 2c.

Die Sonne wurde von je her als der Hauptgott betrachtet, und zweimal im Jahre wurden ihm junge Stiere geopfert. Der Priester unterschied sich wenig von den ostindischen Brahminen. Gleich diesem galt er als das Volksorakel, und war zugleich Priester, Richter und Lehrer. Das letzte Amt beschränkte sich jedoch nur auf die Fortpflanzung von alten Volkssagen.

Jedem Gotte waren einige Festtage im Jahre geweiht, und so kam es, daß ungefähr jeder siebente Tag unter ihnen ein Feiertag war. Diese Tage wurden verbracht mit Opfern, Singen, Beten und fantastischen Tänzen.

Durchgängig glaubten die alten Mexikaner an ein ewiges Leben. Somit wurde bei ihnen der Tod nicht für eine solche traurige Begebenheit gehalten wie unter den Christen. Die Leichenbestattungen wurden selten ohne Musik und Gesang vollzogen. Die allgemeine Bemerkung über die Verstorbenen war: „Sie sind nun glücklich!" — Von Belohnung und Bestrafung nach dem Tode schien der Indianer nichts zu wissen.

Obschon der Katholicismus heutzutage die allgemeine Landesreligion ist, so muß man doch nicht glauben, daß alle Spuren vom früheren Heidenthume unter den Indianern schon verwischt sind. Im Gegentheile hängen Tausende und aber Tausende noch immer ihrem alten Glauben an. Sie haben heute noch ihre eigenen Priester, sprechen noch ihre eigene Sprache und leben unter den Katholiken wie in England die Juden unter den Christen.

Unter den Azteken, welcher von allen anderen Stämmen am meisten katholisirt worden ist, hält man immer noch fest an höchst abergläubischen Sagen. Unter anderm wähnt man, daß einst Montezuma, der Sohn der Sonne, nach Mexiko zurückkehren, den weißen Eindringling und Tyrannen verjagen und den armen bedrängten braunen Mann in seine alten Rechte ein= setzen würde.

Die Ehe wird selbst unter den heidnischen India= nern als ein heiliges Institut betrachtet. Hochzeiten werden unter vielen Ceremonien und Feierlichkeiten be= gangen. Eine Scheidung kann nur nach erwiesener Untreue von Seiten der Frau eintreten. Nie darf ein Jüngling heirathen ehe er ein wildes Thier erlegt hat, aus dessen Haut er sich eine „Heiligthumstasche" machen kann, einen Behälter für medicinische Kräuter und Lebens= mittel auf der Jagd. Diese Tasche kommt am Tage nie von des Indianers Seite. Er betrachtet sie als seinen Talisman.

Auf einer Plantage nahe bei Monterey wohnte ich einer Indianer=Hochzeit bei. Obschon die Bethei= ligten Katholiken waren, blieben sie ihren alten Sitten dennoch treu. Unter anderm hielten zwei Jungfrauen einen Besenstiel etwa zwei Fuß von der Erde. Ueber diesen mußte der Bräutigam sechsmal springen ohne Anlauf zu nehmen. Gelang ihm dies nicht, so mußte er mit der Hochzeit noch warten; wenn er es jedoch glücklich vollbrachte, sprach der Priester seinen mit einigen Ceremonien verbundenen Segen. Nachdem

dieses geschehen, mußte der junge Mann mit allen an=
wesenden Frauen, und die junge Frau mit allen an=
wesenden Männern auf die ungestümste Weise tanzen.
Schließlich wurde ein wilder Hochzeitsreigen gesungen
und die Gesellschaft entfernte sich.

Daß die katholische Kirche, bald nach der Eroberung
Mexiko's durch Cortez, viele ihrer Priester als Missionare
nach diesem Lande schickte, ist leicht begreiflich. Neben
grenzenloser Habgier und gleichem Fanatismus kann man
bei vielen ein edles, christliches und aufopferndes Wirken
nicht in Abrede stellen. Unter den Besseren hat sich
namentlich Las Casas rühmlichst hervorgethan. Ein
Halbjahrhundert wirkte er unter den verthierten Mexi=
kanern mit einer unpräcedirten Thätigkeit. Ueberall, in
den Städten, Dörfern, Hütten und Palästen, in Kirchen
und Lasterhöhlen hörte man durch seine melodische Stimme
die Lehre vom Kreuze vortragen. Es wird angegeben
daß er mehr als 50,000 Heiden getauft habe.

Diese Taufen wurden nicht an einzelnen Personen
vollzogen. Hundert oder mehr wurden zusammengeschart,
damit sie der Priester nach kurzem Gebete durch die Be=
sprengung taufe. Die auf solche Weise Getauften
erhielten alle einen Namen. Dieses war gewöhnlich der
Name eines Heiligen.

Las Casas war auch in politischer Beziehung den
Mexikanern sehr zum Vortheil. Er war der Mittler
zwischen diesen und den raubgierigen und tyrannisch=

geizigen spanischen Beamten, welche willkürlich thaten was sie wollten. Er starb in einem Alter von 92 Jahren, A. D. 1566. Noch heute nennt man seinen Namen in Mexiko mit vieler Ehrerbietung.

Aber nicht alle die tausende von spanischen Missionaren waren solche Seelenhirten wie Las Casas. Sie waren vielmehr Wölfen zu vergleichen, welche die Heerden zerrütteten. Nicht lange währte es bis alle Staatsämter von den Priestern abhingen. Ohne die Recommandation des mexikanischen Erzbischofs wurde selten von der castilianischen Regierung ein Vicekönig ernannt. Und dieser wagte es dann wieder nicht, die ihm Untergeordneten ohne das Gutheißen der Geistlichkeit zu ernennen oder abzusetzen.

Der Jesuitenorden gelangte in Mexiko zu dem größten Einflusse. Die Franciskaner-, Augustiner- und Dominikanermönche gehörten fast ausschließlich diesem Orden an. Was für einen ungemeinen Reichthum diese sauberen Gesellen zusammen scharrten, erhellt allein die Erwähnung, daß schon im Jahre 1720, also nur ein Jahrhundert nach der Eroberung, Mexiko 9,000 Kirchen und Capellen zählte, welche reich ausstaffirt waren, und deren Pfarrer fürstlichen Gehalt bezogen.

Außerdem besaß Mexiko zu dieser Zeit 72 Mönchs- und Nonnenklöster, welche neben 60,000 Einwohnern fabelhafte Reichthümer besaßen. Was für Laster und

Schandthaten in diesen Klöstern begangen wurden, läßt sich kaum sagen. In Monterey ist heute noch ein gangbarer unterirdischer Weg zwischen den Ruinen zweier Klöster. Brauche ich zu sagen, daß eins dieser Klöster von Nonnen bewohnt wurde?

Das Inquisitionsgericht, unter der Leitung der Jesuiten, war der Schrecken aller freidenkenden Mexikaner. Es wurde in einem großartig angelegten und ausgeführten Gebäude in der Bundesstadt gehalten. Obschon es jetzt verfallen und in eine Kaserne umgewandelt ist, so zeigen doch noch die dunklen, feuchten Keller, welche zu Gefängnissen benutzt wurden, und die vielen Schädel und Menschenknochen, mit welchen der Fußboden des inneren Raumes angefüllt ist, wie viele Tausende von Unglücklichen hier schmachteten und dem grimmigsten Tode erlagen. Mancher brave Indianerhäuptling, mancher demokratische Creole und mancher aufgeklärte Mestize fand hier sein bitteres Ende!

Sehr viele Indianer wurden zu katholischen Fanatikern umgeschaffen. Von einem Häuptling wird erzählt, daß er seiner Mutter Leben bedrohte, im Falle sie sich nicht würde taufen lassen; und daß er seine Schwester wirklich umgebracht hätte, weil sie sich weigerte sich seinem Willen zu fügen.

Nach der Einführung der Republik wurde zwar die Gewalt der Priester sehr beschränkt; aber trotzdem war und blieb ihr Einfluß auf die Volksmassen groß.

Sehr viele der inneren Unruhen rühren von ihnen her, und daß jetzt ein neuer Kaiser, Maximilian, die Mexikaner wieder zu knechten versucht, ist ausschließlich ihr Werk.

Der heutige katholische Mexikaner ist unbedingt eben so abergläubisch oder ungläubig wie der frühere heidnische. Religion ist ihm bloß etwas Physisches und Aeußerliches. Was man Princip oder Herzensreligion nennt, ist ihm vollkommen unbekannt. Er beichtet, fastet, betet sein „Pater Noster" und „Ave Maria", wohnt der Messe und den Prozessionen bei, bezahlt dem Priester seine Gebühren - warum? Etwa weil er sich pflichtgedrungen dazu fühlt? Mit nichten! — Blos weil es der Priester gebietet.

Die Orden der Priester und die Verfassung der Klöster sind heute noch dieselben, welche sie vor 200 Jahren waren. Die Klöster aber haben in letzterer Zeit sehr abgenommen. Mexiko hat einen Erzbischof, ungefähr 25 Bischöfe und eine endlose Menge von Priestern. Man muß aber nicht glauben, daß die Letzteren wie dermalen in Deutschland viel von Latein oder den Wissenschaften verstehen. Im Gegentheil entbehren sie sehr häufig der nothdürftigsten Kenntnisse. Einer der mir vor drei Jahren bekannt wurde, konnte nur mit Mühe seine Muttersprache lesen.

Da die Erziehung und die Bildung der Jugend diesen sauberen Gesellen anvertraut ist, braucht man sich ja wohl über deren Verwahrlosung nicht mehr zu wundern.

Die religiösen Festtage werden in Mexiko mit dem größten Pompe gefeiert. Der Allerheiligentag ist von allen Festen das beliebteste. Es ist den Mexikanern dasselbe, was den Deutschen Weihnachten und Geburtstagsfeste sind. Bekanntlich trägt ein jeder Mexikaner den Namen eines Heiligen, und somit feiert er am besagten Tage nicht nur die Erinnerung abgeschiedener Heiligen, sondern auch seinen Namenstag. Vornehmlich ist dieses das Fest der Kinder. Diese scharen sich zusammen und besuchen die Wohlhabenden. Nachdem sie bei diesen Besuchen gesungen und gratulirt haben, werden sie alle einzeln beschenkt mit Zuckerwerk, Früchten und auch kleinen Geldstücken.

Des Abends besuchen die Frauen und Kinder die Friedhöfe und bestreuen die Gräber ihrer verstorbenen Lieben mit Blumen und Kränzen.

Die ganze Woche vor Ostern wird durchgängig gefeiert. Am Palmsonntage beginnen die Festlichkeiten. An diesem Tage strömen alle Landleute in die Städte, mit Palmzweigen und Blättern beladen. Schon frühmorgens nehmen sie ihre Plätze auf beiden Seiten der Hauptstraßen ein. Um 9 Uhr beginnt die „heilige Prozession", ausschließlich aus Bischöfen, Priestern, Mönchen und Nonnen bestehend. Diese zieht durch alle Hauptstraßen und schließlich in die Hauptkirchen. Die

Volksmenge, während daß durch die heilige Nähe der
„heiligen Procession" ihre Palmblätter geheiligt sind,
winden dieselben in Kränze, nehmen sie mit nach Haus,
verehren und bewahren dieselben so sorgfältig, wie die
alten Römer ihre Penates!

Der Grünedonnerstag wird durch eine Procession
gefeiert, an welcher sich alle Volksklassen betheiligen.
Vor ihr her werden die Bilder des Erlösers, der Jung=
frau Maria und vieler Heiligen getragen. Nach diesem
erfolgt in allen Kirchen die große Messe. Eine Eigen=
thümlichkeit ist, daß an diesem Tage die Damen sich in
ihren schönsten Toiletten zeigen. Alle Diamanten und
Goldgeschmeide kommen an diesem Tage zur Schau.

Die Festlichkeiten des Charfreitags bieten ein grelles
Gegentheil von denen des vorhergehenden Tages. Männer
und Frauen sind in das tiefste Schwarz gekleidet; kein
Mensch spricht auch nur ein Wort; die Musik der Or=
geln ist verstummt; kein Wagen befährt die Straßen;
Niemand reitet; Alles scheint zu trauern. Um Mitter=
nacht wird diese Feier beschlossen mit einer Procession
der Frauen, welche sich ohne alles Geräusch durch die
Stadt bewegt. Eine jede Frau trägt eine Kerze in der
Hand. Es wird dieses „die Einsamkeit" (de la soli-
dad) benannt und soll den Frauen ihr Mitleid mit der
Jungfrau Maria darthun.

Am Samstage vor Ostern hat die Jugend eine
sonderbare Beschäftigung. Auf allen freien Plätzen wer=

den Scheiterhaufen gebaut, in deren Mitte ein Pfahl angebracht ist. An diesen Pfahl hängt man das Bild eines Mannes, welches den Judas Ischarioth vorstellen soll. Dies Effigie ist inwendig mit etwas Pulver an gefüllt. Sobald nun die Flammen es erreichen, zerplatzt es plötzlich und kommt nun ganz in den Flammen um.

Ostern beschließt alles Fasten und Trauern. Der Morgen verfließt mit einer Generalprocession und großen Messe, welchen alle weltlichen und geistlichen Beamten beiwohnen. Der Nachmittag und Abend jedoch sind Zeiten der größten Ausgelassenheit. Hahnenkämpfe, Wettrennen, Würfel- und Kartenspiel, Tanz und Musik sind die Hauptlustbarkeiten. Alle Classen, Jung und Alt, Männer und Frauen wähnen an diesem Tage lizen= sirt zu sein bis zur völligen Berauschung zu trinken. Wenn ich noch erwähne, daß selbst Priester Hahnen= kämpfen beiwohnen und des Abends betrunken sich in den Indianerhütten herum treiben, so ist die Darstellung genügend.

Die Kirchen in Mexiko sind geräumig und auf eine sehr kostspielige Weise decorirt. Viele der Treppen, welche zur Kanzel führen, so wie auch die Altäre sind aus reinem Silber. Die Wände sind bemalt mit den Leidensgeschichten des Heilandes und anderer Heiligen. Auch die Statuen der Kirchenväter in den vielen Nischen helfen das Ganze zu verzieren.

Daß in einer Republik wie Mexico nach dem

Sturze Augustins I. nie Religionsfreiheit eingeführt werden sollte, ist dem schon erwähnten Grunde zuzu= schreiben, daß immer sogar bis auf den heutigen Tag die weltliche Macht auf indirecte Weise von den katholischen Priestern gehandhabt wurde. Selbst die meisten Präsidenten und Senatoren waren nur die Creaturen der Priester. Im Beichtstuhle wurde das Volk für eine kommende Wahl einexercirt. Nur ein den Priestern günstiger Candidat konnte je der Hoffnung leben erwählt zu werden.

Im Jahre 1856 schickte die Bischöfliche Metho= disten=Kirche von Texas einen Missionar, Rev. Mr. Thomson, nach Mexiko, um wo möglich echt evangelische Tractate und auch Bibeln auszutheilen. Dieses erwies sich als nutzlos, indem die ihm zugänglichen Massen nicht zu lesen vermochten. Zwar versuchte er zu ermahnen, zu belehren und zu predigen, was auch nicht ohne guten Erfolg war; aber bald sah er sich von den Priestern auf so unchristliche Weise verfolgt, daß er um sein Leben zu retten, das in Dummheit und Aberglauben versunkene Land verlassen mußte. Thomson wirkte haupt= sächlich in Matamores und Monterey.

Andere Versuche dieser Art sind gleichfalls fehlge= geschlagen. Nur ein Weg scheint offen zu stehn für religiöse und politische Freiheit in Mexiko. Es ist dies der Sturz des Priesterthums durch die Immigration der Union, Englands und Deutschlands.

In Mexiko trifft man an allen Straßen und öffentlichen Plätzen von Steinen errichtete Kreuze, sowie auch Bildsäulen der Mutter Gottes ꝛc. Nur selten geht ein Mexikaner an diesen vorbei, ohne sich tief zu verbeugen oder zu knien.

Wallfahrten werden auch sehr häufig unternommen. Unter andern pilgern sehr viele nach einem Gebirge im Staate Guanaxuato, wo sich eine tiefe zugemauerte Höhle befindet. Dorthin nämlich, so heißt die Sage, habe der Bischof Zena im Jahre 1732 den Teufel gejagt und ihm dann den Ausgang durch die Mauer versperrt. Die Aufgabe dieser Pilger ist nun von Zeit zu Zeit nachzusehen, ob jene Mauer noch im guten Zustande ist. Niemand verläßt diesen Ort ohne der Mauer etwas Lehm oder einen Stein zugefügt zu haben. Eine schöne Sache um den Teufel!

Nachdem nun der Leser eine nähere Bekanntschaft mit den socialen und religiösen Zuständen Mexiko's gepflogen hat, befassen wir uns wieder mit der Entwickelung seiner politischen Geschichte.

Kapitel V.

Politiſche Verwickelungen. Thörichter Angriff von Spanien. Guerrero, Buſtamente, Santana. Santana's Verrath an ſeiner Partei.

Nach Iturbide's Sturze wuchs die neue Republik, unter der Präſidentſchaft Vittoria's, zuſehends an innerer Stärke. Schon war ſie von den vereinigten Staaten als Regierung anerkannt. Nach der Einnahme des letzten ſpaniſchen Forts in Mexiko, San Juan de Ulna, und durch das Einfangen 4 ſpaniſcher Kriegsſchiffe in mexikaniſchem Gewäſſer, folgten auch England und andere Staaten dem Beiſpiele der Union.

Aber doch ſollte Mexiko noch keinen völligen Frieden genießen. Die Royaliſten, durch die anſäßigen Spanier ſo wie auch die Prieſter und einige Generäle vertreten, waren der beſtehenden Regierung unter dem Namen Centraliſten durchaus nicht hold. Als nun im Jahre 1828 zur Wahl eines neuen Präſidenten geſchritten werden ſollte, begannen neue Streitigkeiten zwiſchen der beſchriebenen und der liberalen Partei.

In der abgehaltenen Wahl wurde auch wirklich ein

Centralist, General Pedraza, zum Präsidenten erwählt.
Kaum war jedoch dieser in sein Amt inaugurirt wor=
den, als General Santana eine Proclomation erließ,
angeblich im Namen seiner Armee, in welcher er die be=
schlossene Wahl für eine ungültige erklärte und ver=
langte daß General Guerrero zum Präsidenten ernannt
würde.

Auch blieb es nicht blos bei Worten. Schnell
standen sich feindliche Heere gegenüber. Nach verschie=
denen Gefechten, war des Präsidenten Armee gezwungen,
sich zu ergeben.

Diesem folgten schreckliche Tage für die Altspanier.
Während der „Bluthochzeit" in Frankreich, ging es
dort nicht schrecklicher her, als hier zu dieser Zeit. Der
Pöbel mordete und plünderte ohne Unterlaß. Mehr als
fünfhundert wohlhabende Familien verloren in einer
Nacht Geld, Gut und Leben.

Nachdem Guerrero als Präsident eingesetzt war,
machte man zwar diesem Schrecken ein Ende. Aber
dennoch wurde vom neuen Congreß ein Gesetz erlassen,
nach welchem alle gebornen Spanier angewiesen wurden,
unvorzüglich Mexiko zu verlassen. Nur eine Classe
wurde von diesem Gesetze ausgeschlossen, und zwar die
Classe, welche fast allein der Republik gefährlich — die
Priester.

Zum Erstaunen aller Mexikaner forderte sie im
Jahre 1829, Papst Leo X. auf sich wieder mit dem

Mutterlande zu verbinden. Und sonderbar genug! bald nachher rüstet König Ferdinand VII. eine Armada aus, um die verlorene Provinz wieder zu erlangen.

Auch diese Bewegung war hauptsächlich den Insti= gationen der Priester zuzuschreiben. Sie betheuerten dem bethörten Fürsten, daß es nur des Aufpflanzens eines spanischen Banners in Mexiko bedürfe, um das Volk zu bewegen in großen Schaaren in die Armee des Mutterlandes zurück zu eilen.

Aber da war doch die Rechnung ohne den Wirth gemacht! Im Juli besagten Jahres landete der spa= nische General mit einer 5000 Mann starken Armee im Hafen Cabo Roja, in der Nähe von Tampico. Am folgenden Tage war auch schon General Don Isidor Barradas, (so hieß dieser Spanier) mit seiner „unüber= windlichen Armee" am letztgenannten Orte. Hier verblieb er in der Erwartung der versprochenen Schaa= ren. Zuletzt, nachdem seine Armee schon sehr durch Krankheiten gelitten hatte, kamen, — was? kam wirk= lich Hülfe? — zuletzt kamen die tapfern Truppen des Generals Santana, gaben den Spaniern derbe Schläge und zwangen den enttäuschten Barradas mit dem Ueber= reste seines zusammengeschmolzenen Heeres auf ewig Mexiko zu verlassen.

Obschon aber auch die Mexikaner zusammen hiel= ten, auswärtige Feinde zu bekämpfen, unter sich selbst Frieden zu halten, hatten sie noch nicht gelernt. San=

tana, dieser principlose Mann war unzufrieden mit der Haltung des durch ihn größtentheils geschaffenen Präsidenten Guerrero, erklärte sich gegen ihn, griff zu den Waffen, und stürzte ihn alsobald. Hierauf des Landes verwiesen, aber dennoch daselbst verweilend, wurde Guerrero von einem seiner angeblichen Freunde verrathen, und erschossen.

General Bustamente kam nun an's Ruder. Und wußte dieser schlaue und einer Wetterfahne ähnliche Mann sich 3 Jahre lang in seinem Amte zu erhalten. Zuweilen begünstigte er die Priester, zuweilen das Volk. Er wollte es allen recht machen; aber zuletzt gelang es ihm nicht mehr es irgend einem recht zu machen. Santana erklärte sich auch gegen ihn, und bald sah er sich gezwungen abzudanken.

Um seine wahre Absicht noch zu verbergen, lehnte Santana die Präsidentschaft noch ab, die ihm von allen Seiten angetragen wurde. Er setzte vielmehr den schon früher gestürzten Präsidenten Pedraza wieder auf seinen alten Platz.

Diese Maßregel mißfiel jedoch vielen Generälen. Sie versammelten große Armeen um sich, und drohten allgemeinen Krieg wofern nicht — einer von ihnen zum Präsidenten ernannt würde? -- nein! wofern nicht Santana zum Dictator ernannt würde! Dieses war natürlich Santana's Plänen gemäß. Trotz alledem weigerte er sich angeblich noch immer die Wünsche der

Rebellen zu befriedigen. Noch mehr. Er ließ sich sogar von Pedraza ein 50,000 Mann starkes Heer an-
weisen, mit welchem er auszog gegen seine Beförderer
und Freunde!

Größere Popularität hatte nie vorher ein anderer
General erlangt als Santana durch diese seine augen-
scheinliche Treue und seinen umpräcedirten aufopfernden
Patriotismus. Santana aber wußte wohl, was er
that. Er war nicht übertrieben ungestüm im Angriffe
seiner Freunde. Ja, — Unglück sonder Gleichen!
es begab sich sogar, daß er mit seiner gesammten Armee gefangen und zum Dictator gemacht ward!

Bisher war Santana ein eifriger Föderalist oder
Liberaler gewesen, doch gleich seinem Vorgänger Iturbide, schien er einzusehen, daß das Volk für den Genuß
vollkommner Freiheit noch nicht reif sei. Er zeigte sich
somit dem Klerus und den wiedererstandenen Centrali-
sten mehr gefügig und gefällig. Sogleich entließ er
den liberalen Congreß, annullirte seine, den Aristokraten nachtheiligen Gesetze und ernannte seine früheren
Erzfeinde zu Ministern seines Kabinets.

Dieses rief eine andere Revolution hervor. Ende
des Jahres 1834 standen sich wiederum große Armeen
entgegen und zwar waren sie größer als je vorher.
Jedoch dem Dictator lächelte das Glück: nach einem
blutigen und langen Kampfe war er vollkommen sieg-

reich. Er nahm die Erbeutung alter Kanonen und Am=
munition ungerechnet, allein 5,000 Insurgenten gefangen.
Nur sehr wenigen gelang es zu entkommen.

Dieser glänzende Sieg verhalf Santana zu un=
umschränkter Gewalt. Im Januar 1835, eröffnete er
einen Generalcongreß durch welchen die Rechte der
Volksmassen sehr beschränkt wurden. Der Dictator
hatte gelernt, daß er mehr oder weniger von den Prie=
stern abhängig sei, und somit ließ er keinen ihrer
Wünsche unbefriedigt. Auch seine Generäle wurden von
ihm zu förmlichen Fürsten erhoben.

Santana hat heute noch nicht seine Rolle ganz
ausgespielt, und ist er unbedingt einer der außerordent=
lichsten Männer dieses Jahrhunderts. Jemand, der
ihn persönlich kennt, schreibt über ihn folgendes: „Im
Besitze eines unternehmenden Geistes, einer außeror=
dentlichen Geschmeidigkeit, und vorzüglich einer Toll=
kühnheit ohne Gleichen, hatte er längst die allgemeine
Aufmerksamkeit auf sich gezogen und trotz seiner gerin=
gen militärischen Befähigung, doch Vertrauen einge=
flößt. Sein schwarzes Auge ist voll Verschmitztheit
und sein Körper wie Eisen, denn er besitzt mit 50
Jahren noch die Kraft des Jünglings. Zuweilen bis
zur Wildheit grausam, ließ er im Jahre 1835
viele unterworfene Insurgenten ohne Weiteres er=
schießen. Er haschte sein ganzes Leben lang nach Po=

pularität; und sie zu erhöhen und zu erhalten, wich er
vor keinem Mittel zurück. Oft sah man ihn bei den
Hahnenkämpfen sich unter die zerlumpte Menge mischen,
und einen Piaster für einen der Kämpfer wetten, gleich
den letzten der Leperos."

Capitel VI.

Geſchichte von Texas. Reichthum, nähere Beſchrei-
bung, Abfall von Mexiko, Unabhängigkeitskrieg,
Schlacht bei San Jacinto, Sieg, Friedensſchluß mit
Mexiko. General Houſton. Die Deutſchen in Texas.

Texas, gegenwärtig einer der Hoffnungsreichſten
und unbedingt einer der intereſſanteſten Staaten der
nordamerikaniſchen Union, war bis zum Jahre 1835
eine verwahrloſte Provinz von Mexiko.

Im Süden wird Texas vom mexikaniſchen Meer=
buſen, im Oſten von dem Sabinefluß, und Red=River,
im Norden von einem Arm der Cordilleren und im
Weſten vom Fluße Rio Grande begrenzt. Der Rio
Grande trennt Texas von Mexiko, der Sabine und
Red=River von Louiſiana und Arkanſas, Staaten der
Union.

In vielen Theilen des Landes ſteht der Boden dem
Delta in Egypten durchaus nicht nach. Das vorzüg=
lichſte Land findet man dem Old=Caney entlang, eine
200 engliſche Meilen lang und ungefähr 5 ſolcher
Meilen breite Strecke. Längs der Mitte dieſes Be=
zirkes ſchlingt ſich ein breiter, tiefer, waſſerloſer Graben,
von welchem erzählt wird, daß er früher das Bette des

Rio Colorado gewesen sei. Vor 100 Jahren nämlich fand eine sehr große Ueberschwemmung dieses Flusses statt. Zu dieser Zeit gelang es ihm weiter westlich ein neues Bett zu finden. Dieses verfolgt er heute noch. Die Grafschaften Washington, Ford = Bend, Whorton und Brazoria, besitzen das einträglichste Land.

Uebrigens wüßte ich von keinem Landestheile den man arm nennen könnte, außer der ungeheuren Sand= Prairie dem Rio Grande entlang. Hier findet man nichts als Cactus= und Muskitsträucher. Aber mit Ausnahme dieses Bezirkes, herrscht allerwärts die größte Ueppigkeit von Erzeugnissen der Erde.

In den südlichen Bezirken erreichen alle tropischen Pflanzen und Früchte die größte Vollkommenheit. Zuckerrohr und Baumwolle sind jedoch die hauptsäch= lichsten Stapelproducte. Die Baumwolle ist namentlich sehr berühmt, und soll der See=Islands von Südcaro= lina wenig nachstehen. Feigen, Orangen, Pfirschen, Wasser= und Zuckermelonen gedeihen vortrefflich. Auch der Maulberbaum, Reis, Tabak und selbst Kaffee ge= rathen nicht schlecht; jedoch hat man diese Erzeugnisse wenig gebaut.

In den mittleren Theilen gerathen Baumwolle, Mais, eine Art süße Kartoffel und Roggen sehr gut Weiter nördlich wird auch viel Weizen gezogen. Noch zu bemerken ist, daß die Schweinezucht hier eine vor= treffliche ist. Sie laufen wie wild umher, versorgen sich selbst, und nur erst wenn man sie schlachten will, werden sie zusammen getrieben und vorher ein wenig mit Mais gefüttert.

Die westlichen Bezirke von welchen San Antonio den Mittelpunkt bildet, sind nicht für den Ackerbau ge= eignet. Die Rindvieh= und Pferdezucht sind hier der vornehmlichste Erwerbzweig. Die Viehzüchter werden Rancheros genannt und besitzt mancher von ihnen 10,000 Stück Vieh. Wenn sie noch jung sind, treibt ein jeglicher Rancher seine Füllen und Kälber zusam= men, markirt sie auf der Schulter durch ein glühendes Eisen mit einem eigenthümlichen Zeichen, giebt ihnen ferner ein Kennzeichen an eins der Ohren durch Ab= oder Einschneiden und läßt sie wieder mit ihren Müttern laufen. Selten wird ein Stück Rindvieh verkauft, ehe es nicht vier Jahre erreicht hat. Louisiana, Ar= kansas, so wie der südliche Theil von Texas selbst, bilden den Markt für diesen Betrieb.

Der letztbezeichnete Landestheil ist sehr arm an Holz. Unabsehbare Prairien, mit dem üppigsten Grase bewachsen, erstrecken sich nach allen Richtungen. Noch vor 30 Jahren bildeten diese die Heimath der Buffa= los und großer Heerden wilder Pferde. Wilde Pferde trifft man heute noch, aber die Buffalos sind ver= schwunden.

Bären, wilde Katzen, Wölfe, Füchse, Hirsche, wilde Gänse, Enten und Tauben, giebt es in großer

Menge und bilden vortreffliches Wildpret. Da auf diesen Prairien der Jäger am Tage nicht in die erforderliche Nähe der Hirsche gelangen kann, so fand er sich zur List bewogen. Mit einer guten Büchse bewaffnet, auf dem Haupte eine vorn offene Hutlaterne, schreitet der Jäger des Nachts hinaus zu den Plätzen wo er Heerden von Hirschen zu finden glaubt. Neugierig gemacht durch das Licht, nähert sich der Hirsch dem Jäger mehr und mehr; und dieser, obschon nicht den Körper erspähend, erblickt in der finstern Entfernung die blitzenden Augen des Hirsches. Auf diese Augen zielend, schießt er und — hat seinen Braten. Ein etwas röthlicher Schein unterscheidet die Augen des Hirsches von denen der Pferde und Kühe. Trotzalledem wird nicht selten irrthümlich eins der Letzteren erschossen.

Brazos, Colorado, Nueces, Sabine, San Bernad, Guadaelupe und der Rio Grande sind die Hauptflüsse von Texas. Nur wenige dieser sind auf kurze Strecken für Dampfschiffe fahrbar. Blos der Rio Grande ist 6 Monate lang, im Jahre auf eine Strecke von 201 englische Meilen fahrbar. Früher war auch der Brazos auf eine solche Länge für ordinäre Dampfschiffe fahrbar, jedoch seit 15 Jahren, ist dieser Fluß, wahrscheinlich durch unterirdische Ableiter, sehr verkleinert worden. Abgesehen von diesen Flüssen, ist Texas sehr wasserarm zu nennen. Wohl in keinem Lande regnet es weniger als hier.

Obschon eine Küstenstrecke von 700 Meilen vorhanden, so ist Galveston doch der einzige Hafen von einiger Bedeutung. Die nächsten größten Städte sind jetzt: Houston, Austin, San Augustin, San Antonio, Friedrichsburg, New Braunfels und andere.

Das Klima, wiewohl in den verschiedenen Landestheilen etwas verschieden, ist ein durchaus angenehmes. Selbst im heißesten Sommer weht fortwährend eine kühle Brise; namentlich während der Nacht ist sie sehr erquickend. Seuchen und sonstige verheerende Fieber herrschen nur den Küsten entlang. Einen eigentlichen Winter kennt man nicht; trotzalledem hat man zuweilen sehr kalte Tage. Diese entstehen durch plötzlich Ausbrechendede Nordwinde, (Northers) welche in Zeit einer Stunde, die vorhin sengende Luft bis zum Frierpunkt herunter drückt. Diese Winde dauern zwei bis fünf Tage und besuchen das Land fünf bis sechsmal während der Wintermonate. Zuweilen wird es plötzlich so kalt das vieles Vieh auf den Prairien erfriert.

Bald nach der Verwehung dieser „Northers" tritt die gewöhnliche Wärme wieder ein. Vieles ist über das plötzliche Entstehen und Verwehen dieser Winde geschrieben worden, trotzalledem blieb es bis heute ein Geheimniß.

Des Ungeziefers und namentlich der Muskitos hat Texas sehr viel. Fast zu keiner Jahreszeit wäre es möglich in Betten zu schlafen, welche nicht durch schleierähnliche Gardinen eingeschlossen sind. Selbst das Vieh wird davon sehr geplagt. Vom Instinkt getrieben ver= suchen sie sich des Nachts einigermaßen dagegen zu schützen. Sie versammeln sich nämlich des Abends in großen Schaaren auf einer Anhöhe und ruhen daselbst dicht bei einander die ganze Nacht. Natürlich müssen sich die daselbst anwesenden Muskitos nun unter einer großen Menge vertheilen, welche sonst einige we= nige dort anwesende Thiere geplagt haben würden.

Texas besitzt große Wälder von Cedern. Sie liefern die Riegel, womit die Ländereien einge= schlossen sind. Lebenseichen sind auch in Menge vorhanden. Ihr Laub bleibt das ganze Jahr grün und ihr Holz ist für den Schiffbau sehr ge= sucht. Cypressen, Magnolia, Tannen, Roth= und Weißeichen giebt es in Ueberfluß und werden zu Bau= und Brennholz benutzt.

Die meisten Wohnhäuser in Texas werden aus gebrannten Lehmsteinen aufgeführt; sonst aus Holz. Die= selben werden ein= und auswendig mit Cedern Brettern beschlagen und mit Oelfarbe weiß gestrichen. Wie arm auch ein Texaner sein mag, ein schöner Teppich, ziert den Fußboden eines jeden Zimmers.

Die Lebensweise ist der der Mexikaner sehr ähnlich. Nur herrscht der Unterschied, daß der Texaner aus wildwachsenden und vortrefflich gedeihenden Reben, einen guten Wein zu fabriciren weiß, welchen sich alle Classen vortrefflich munden laſſen. Es iſt dieſer Wein dem Portwein ſehr ähnlich.

In Texas hat ein jeder ſein Reitpferd, der Arme und Reiche, der Junge und Alte, Mann und Frau — Alle reiten. Droſchken und anderer Vehikula bedient man ſich nur ſelten. Nur der frühere Sklav ging zu Fuß.

Nur im nördlichen Theile von Texas, an der Grenze von Neu Mexiko giebt es Gebirge, die Cordil= leras. Bis jetzt jedoch hat man nur wenig Metall dort vorgefunden. Selbſt Steinkohlen ſind ſehr ſelten.

Dieſe Gebirge bilden die Heimath ſehr wilder Indianerſtämme, als der Camanches, Neches, Chickeſas, Chocktas, 2c. Nicht ſelten machen dieſe Barbaren Streif= züge nach den Anſieblungen der verhaßten Weißen, rau= ben und morden nach alter Weiſe. Nie verläßt der Indianer einen ermordeten Weißen, ohne ihn nicht vor= her zu ſkalpiren.

Nahe dem Sabine Fluß wohnt ein zahmer In= bianerſtamm. Es ſind dieſes die Alibami, höchſt fried- liebende Leute. Sie ernähren ſich durch Ackerbau, Vieh= zucht und Jagd.

Der Leſer wird dieſe nähere Beſchreibung von Te= xas dem Autor nicht verargen, wenn bemerkt wird daß dieſes ſeit mehreren Jahren ſein adoptirtes Heimathsland war. Doch befaſſen wir uns wieder mit ſeiner frühe=

ren Geschichte insofern sie mit der von Mexiko ver=
knüpft ist.

Die erste Ansiedlung von Weißen in Texas be=
wirkte ein französischer Edelmann, La Salle im Jahre
1530. Mit 50 Männern und Frauen landete er nahe
der Mündung des Colorado Flusses. Diese für die
Mündung des Mississippi haltend, gründete man schnell
eine Colonie daselbst. Da er später seinen Irrthum er=
kannte, versuchte La Salle Verbindungen mit anderen
französischen Colonien im Mississippithale anzuknüpfen.
Auf einer Reise dorthin wurde er von seinen eigenen
Leuten ermordet.

Kurz nachher eignete die spanische Regierung
sich Texas an. Es wurden daselbst einige Colonien an=
gelegt. Auch wurden einige Festungen aufgeführt, deren
Garnisonen die Colonien gegen die Indianer schützten.
Eine dieser Festungen, die zu Nacogdoches hat sich bis
heute erhalten. Ich besuchte sie vor einigen Jahren
und fand daß sie aus vier colossalen Wänden besteht,
deren innerer Raum wohl 1000 Personen bergen kann.
Noch wurde Texas zu dieser Zeit die Heimath von
Abendtheurern, politischen Flüchtlingen, Jägern und
Hermiten.

Später, im Jahre 1819, kamen einige 500 Ame=
rikaner vom Staate Missouri, unter der Leitung von
Moses Austin und siedelten sich am unteren Brazos an.
Von einem spanischen Commissär erhielt Austin die Er=

laubniß besagten Bezirk für seine Colonie in Besitz zu
nehmen, unter der Bedingung jedoch, daß alle Coloni=
sten Katholiken sein müßten. Obgleich nun auch keiner
von diesen ein Katholik war, so that dieses weniger zur
Sache. Die Colonie war zu weit von dem Regierungs=
sitze entfernt, um gezwungen zu sein alle Gesetze zu
beobachten.

Nach dem Sturze der spanischen Regierung in
Mexiko, wurden die früheren Vorrechte dieser Colonie
vom Kaiser Augustin I. bestätigt. Obschon nun auch
M. Austin starb, sein Sohn Stephan Austin, übernahm
die Leitung der Colonie, und wuchs sie zusehends an
Bevölkerung und Reichthum. Mexiko hatte zu viel mit
sich selbst zu thun als daß es sich hätte um diese
entlegene Provinz viel bekümmern können.

Die Einwanderung der Anglo=Amerikaner nahm
nun sehr zu; und selbst das Kabinet in Washington
sah diesen wachsenden Staat mit lüsternen Augen an.
Zuletzt machte auch dieses Kabinet bei der Regierung in
Mexiko den Antrag, Texas an die vereinigten Staaten
abzutreten.

Dieser Antrag wurde mit Entrüstung abgelehnt;
aber doch, bewirkte er daß Texas von der mexikani=
schen Regierung nun schärfer in's Auge gefaßt wurde.
Flugs wurden mehrere Regimenter dorthin geworfen,
welche die Bevölkerung im Zaume halten sollten.

Doch vermochte deren Strenge das Land nicht

lange in Frieden zu erhalten. Empört über den Des=
potismus des damaligen mexikanischen Gouverneurs von
Texas, welcher eine Deputation von Austin's Colonie
in's Gefängniß werfen ließ, blos weil sie den Antrag
stellten, daß ihre alten Privilegien bestätigt würden, nah=
men die Colonisten, angesichts der mexikanischen Wirren,
die Gelegenheit wahr, gegen die Regierung die Waffen
zu ergreifen. Es war dieses zu der Zeit als sich Ge=
neral Santana gegen seinen früheren Freund, den
Präsidenten Bustamente erklärte. Mexiko hatte somit
voll auf zu thun.

Flugs nun griffen die Colonisten die Festungen
Nacogdoches und Velasco an, erstürmten und bezwangen
sie, und vertrieben die Besatzungen; so kam es, daß im
Jahre 1832 kein mexikanischer Soldat sich mehr in
Texas befand.

Jetzt aber war wieder Ruhe in Mexiko hergestellt.
Santana war an das Ruder gekommen; und dieses
Mannes Ehrgeiz und Herrschsucht kennend, hatten
die Colonisten Ursache das Schlimmste zu erwarten.
Es währte auch nicht lange bis General Mexia mit
einer Armee nach Texas beordert wurde, um die dorti=
gen Rebellen zu züchtigen.

Doch die Colonisten waren den Mexikanern voll=
kommen gewachsen. Diesmal mußte List den Mangel an
physischer Kraft ersetzen. Kaum war Mexia in Texas
angelangt, so wurde ihm von Austin versichert, daß er

und die Colonisten nie beabsichtigt hätten gegen San=
tana Krieg zu führen. Im Gegentheil, erst nach der
Erklärung Santana's gegen Bustamente hätten sie mit
Santana die Waffen ergriffen, um dessen Rechte zu
vertheidigen.

Solche Erklärung gefiel dem General Mexia ganz
gut; und vollkommen zufrieden gestellt, zog er mit
seiner Armee nach seinem Herrn in Mexiko zurück.

Dieser Gefahr überhoben, stellte sich jedoch das Vor=
haben der Colonisten immer klarer an den Tag. Ver=
stärkt durch viele Anglo=Amerikaner, hielten die Colo=
nisten eine Landesversammlung. Hier wurden Beschlüsse
gefaßt, welche einer Unabhängigkeitserklärung ganz ähn=
lich waren. Unter anderm, verlangten sie eine eigene
Staatsverfassung, Religionsfreiheit und den nöthigen
Schutz gegen die Indianer.

Mit dieser Erklärung wurde Stephan Austin nach
der Bundesstadt, Mexiko gesandt, um die Regierung zu
bewegen, den Wünschen der Colonisten Genüge zu leisten.
Jedoch diese Petition wurde von Santana mit größter
Verachtung behandelt. Austin bat, widerlegte Einwände,
bat wieder, — aber immer keine günstige Antwort. Zu=
letzt nahm er seine Zuflucht zur Drohung. Aber diese
wurde ihm schlimm bezahlt. Er wurde in's Gefängniß
geworfen, wo er über zwei Jahre schmachten mußte.

Die Colonisten, durch diese Erneuerung der alten
Tyrannei gereizt, traten nun weit entschiedener gegen die

mexikanische Regierung auf. Sie wollten nun nicht nur als ein Staat organisirt werden, sondern wollten von Mexiko ganz unabhängig sein. Unter der Leitung von Henry Smith wurde eine provisorische Regierung begründet, und die Armee unter die Leitung des jüngst angekommenen General Samuel Houston gegeben. Als schließlich Stephan Austin seiner Haft entlassen und im Spätjahr 1835 nach Texas zurück kam, fand er daß die Kriegswuth sich des ganzen Landes bemächtigt hatte.

Das alte Spiel der Erstürmung der Festungen und Vertreibung der mexikanischen Besatzungen wurde nun wiederholt. Nicht lange währte es, bis Texas wieder ganz von Feinden geräumt war.

Diese wiederholten Aufstände in Texas, bewogen zuletzt den Dictator Santana in eigener Person eine Armee gegen die Rebellen zu führen. Im Frühjahr 1836, langte er mit 6,000 Mann in Texas an. Schnell rückte er gegen San Antonio vor, um sich der Stadt zu bemächtigen. Obrist Travis war hier Commandant; aber zur Zeit hatte er nur 150 Mann zu seiner Verfügung. Allein, da er Verstärkungen erwartete, beschloß Travis sich nicht zu ergeben. Er zog sich in die Citadelle zurück, und sandte mörderisches Feuer in die Reihen der Angreifer. Travis unterhielt dies Feuer 14 Tage lang; als aber zuletzt keine Verstärkungen eintrafen, wollte Travis sich gerade anschicken zu capituliren, als auf einmal die Mexikaner einen Sturmangriff machten. Sie kamen, sie stürmten, sie nahmen die Citadelle, — aber Santana hatte nicht weniger als 1500 Mann verloren!

Zunächst griff Santana Goliad an. Hier commandirte Oberst Fannin über 500 Mann. Nach einigen Gefechten sah sich Fannin gezwungen sich mit seinem Regimente zu ergeben. Ungeachtet auch vor der Uebergabe den Gefangenen Pardon zugesichert war, so wurden sie doch sämmtlich auf Santana's Befehl niedergemetzelt! Diese That ist genügend diesen Unmenschen auf alle Zeiten als einen zweiten Nero zu bezeichnen. —

Wenn Santana beabsichtigt hatte durch diese Gräuelthat die Texaner einzuschüchtern, so hatte er sich sehr verrechnet. Wer nur eine Waffe führen konnte, stand unter General Houston's Banner. Dieser, an der westlichen Grenze kein Treffen wagend, zog sich nach dem unteren San Jacinto zurück und erwartete da das Eintreffen Santana's.

Endlich, am 21. August 1836, traf dieser mit 1600 Mann dort ein. Obschon nun auch Houston blos 783 Mann zur Verfügung standen, so wagte er dennoch alsobald eine Schlacht. Er ertheilte seinen Leuten den Befehl bis beinahe auf Schußweite gegen den Feind vorzurücken, dann daß Feuer der Mexikaner abwartend, sollten sie alle plötzlich als todt zur Erde stürzen. Wenn aber dann diese durch den vermeinten

Sieg erkühnt, arglos näher kämen, um die Todten zu
begraben, dann sollten sie alle wieder aufspringen und
den erschrockenen Feind mit wildester Wuth angreifen.

Wie gesagt — so geschehen. Die Mexikaner
schossen, die Texaner stürzten. Die Ersteren rückten jetzt
jubelnd heran, doch im Nu erhoben sich die Letzteren
kämpften, würgten und — siegten! In 18 Minu=
ten war alles vollendet. Ammunition und Gepäck fiel
in die Hände der Texaner. 650 Mexikaner lagen todt
auf dem Felde, 280 waren verwundet und 730 waren
zu Gefangenen gemacht. General Houston hingegen
hatte blos 2 Mann verloren und nur 20 seiner Armee
waren verwundet.

Santana war während der Schlacht entkommen.
Am folgenden Morgen wurden die Reiter jedoch auch
seiner habhaft. Vor den General Houston geführt,
benahm er sich besonders dünkelhaft. Unter andern lächer=
lichen Dingen sagte er zu seinem Ueberwinder, daß seine
Zukunft eine große sein müsse; — daß er nicht für ge=
wöhnliche Dinge könne geboren sein, da er den großen
„Napoleon des Westens“ besiegt hätte!

Wenngleich nun das Volk auch verlangte, daß der
gefangene Tyrann solle mit dem Tode bestraft werden
für die barbarische Ermordung der 500 Texaner, so
ließ sich General Houston dennoch zur Nachsicht ver=
leiten. Er wurde zu Velasco in Gewahrsam gebracht,
und nachdem er einen Friedensvertrag mit Texas

unterzeichnet hatte, in welchem er im Namen der me=
xikanischen Regierung für immer auf Texas Verzicht
leistete, wurde er zu Mitte Mai freigelassen.

Die ungemein große Popularität die sich General
Houston durch diesen brillanten Sieg erworben hatte,
läßt sich leicht errathen. Er wurde einstimmig zum
Präsidenten erwählt.

Die Staatsverfassung welche sich Texas nun gab,
war der, der Vereinigten Staaten sehr ähnlich. Nur
herrschte der Unterschied, daß hier der Diensttermin des
Präsidenten auf drei Jahre festgesetzt wurde. Sklaverei
wurde auch beibehalten. Zur Nationalflagge erwählte
man auf dunkelblauem Grunde in der Mitte einen ein=
zigen Stern. (Lone Star). — Frankreich und die
Vereinigten Staaten erkannten die Unabhängigkeit der
jungen Republik an, und schlossen Handelsverträge mit
ihr. Ueberall herrschte Friede und Glück.

Die nächste Präsidentenwahl entschied gegen Ge=
neral Houston. Er hatte nämlich während seiner Dienst=
zeit darauf gedrungen, Texas der Union einzuverleiben.
Dieses wurde ihm übel gedeutet und veranlaßte seine po=
litische Niederlage. Mirabau Lamar, ein vortrefflicher
Staatsmann, und vorzüglicher Poet, wurde zu Houston's
Nachfolger ernannt.

Später jedoch im Jahre 1844 wurden Houston's
Pläne doch durchgeführt; Texas wurde ein Staat der
hoffnungsreichen Union. Seit der Zeit, mit Ausnahme

während der jüngst beschlossenen Rebellion, hat Texas immer seinen alten Platz behauptet. Seine schnelle Entwickelung ist eine unpräcedirte. Schon besitzt der Staat über eine halbe Million Einwohner, und war befähigt im beschlossenen unglücklichen Seperationskriege allein 75 Regimenter in das Feld zu stellen.

Ein Wort bezugs General S. Houston ist hier nicht am unrechten Platze. Schon im 19. Lebensjahre war er in seinem Geburtsstaate Kentucky zum Legislator erwählt. Später, fühlte er durch den Hülferuf der Texaner sich bewogen die Waffen für die Unabhängigkeit des bedrückten Staates zu ergreifen. Mit seinem unvergleichlichen Erfolge in diesem Unternehmen sind wir schon bekannt.

Nach Vereinigung der Union mit Texas war Houston fortwährend entweder Senator in der Bundesstadt Washington oder Staatsgouverneur. Als schließlich im Februar 1861 eine Staatsconvention die berüchtige Separationsordonanz erließ, wiedersetzte er sich deren Ausführung bis auf's äußerste. Das Resultat war, daß er seinem Amte als Gouverneur entsetzt wurde. In stiller Zurückgezogenheit starb er zwei Jahre später; aber nicht ohne die feste Zuversicht daß die zerrissene Union wieder hergestellt würde.

Er war einer der hellsten Geister, die die Union herangebildet hat. Seine Beredsamkeit war die vortrefflichste. Wehe dem armen Schlucker, welcher seiner

Satire zum Opfer fiel! In der Geschichte von Texas wird sein Name immer der höchstangeschriebene sein.

Ehe ich dieses Kapitel beschließe, noch ein Wort über die Deutschen in Texas. Schon im Jahre 1849 siedelten sich einige Colonien im westlichen Texas an. Obschon auch der von ihnen auserwählte Landesstrich nicht der beste war, so hat es doch ihr unermüdeter Fleiß dahin gebracht, daß sie alle, mehr oder weniger wohlhabend wurden. Die Städte New Braunfels und Friedrichsburg verdanken ausschließlich diesen Deutschen ihre Entstehung und ihr rasches Emporblühen. In San Antonio, Houston und La Grange sind die Deutschen auch sehr stark vertreten.

Gewiß gereicht es zum Ruhme der Deutschen, daß alle sich in Texas befindlichen Fabriken ihr Eigenthum sind. Auch in der Literatur sind sie thätig. Sie haben 4 große täglich erscheinende Zeitungen. Unter den Autoren zeichnet sich P. A. Mölling vorzüglich aus. Texas zählt 17 deutsche Kirchen, von welchen 11 der Methodisten- und 6 der Lutherischen Kirche angehören. Turner- und Gesangvereine sind auch nicht selten.

Die gegenwärtigen hohen Preise der Baumwolle können nicht verfehlen den deutschen Ackermann in Texas zum reichen Manne zu machen. Die Deutschen sind jetzt fast die einzigen die sich mit Baumwolle befassen.

Sonderbar ist es, daß der Deutsche in fremden Landen seinen Nationalcharacter schnell zur Seite legt.

Dem Deutschen gilt es gleich den Amerikanern, ein „deutscher Mann" genannt zu werden als einer der ärgsten Schimpfnamen. Ach! wann wird — wann kann der Deutsche werden, was der Deutsche vormals war, frei und stolz auf seine Nationalität! In ganz Amerika und somit auch in Texas steht das Streben aller dahin, schnell amerikanisirt zu werden damit dann der „Dutschman" wegfällt.

Der geneigte Leser wird mir meine zeitweiligen Abweichungen verzeihen, wenn ich verspreche, daß ich nun unverrückt die Geschichte von Mexiko verfolgen werde.

Capitel VII.

Zwistigkeiten mit Frankreich. Neue Unruhen. Santana's Verbannung. Krieg mit den Vereinigten Staaten. Schlacht bei Palo Alto. Rückkehr Santana's. Schlacht bei Buena Vista. Gen. Scott nimmt Veracruz — rückt gegen die Hauptstadt — erstürmt sie — schließt Frieden mit Mexiko — erhält viel Ländergebiet. Die Sklavenhalter enttäuscht.

Während Santana's Gefangenschaft, war der schon früher erwähnte Bustamente zum Präsidenten ernannt. Doch was nützte einem so verkommenen Volke, als die Mexikaner, ein jeweiliger guter Führer? Die große Menge scharte sich gewöhnlich um das Banner eines solchen Partei-Generals, unter dessen Leitung sie sich die größte Willkür zum Plündern versprachen.

Mittlerweile waren auch Zwistigkeiten mit Frankreich ausgebrochen. Während den verschiedenen Aufständen waren nämlich den in Mexiko ansässigen französischen Kaufleuten sehr hohe Taxen abgezwickt. Noch mehr. Vielen derselben war von den Raubrittern und Rebellen, all ihr Hab und Gut genommen. Die

französische Regierung verlangte nun für ihre Unterthanen eine Entschädigung von 800,000 Piastern.

Da dieses abgeschlagen wurde, unternahm Frankreich
Feindseligkeiten gegen Mexiko. Die Haupthäfen wurden
blockirt, und im November 1838 wurde die Festung
zu Veracruz vom Admiral Baudin bombardirt und
nach kurzer Gegenwehr genommen. Santana, welcher
herbeigeeilt war den Franzosen Widerstand zu leisten,
kam zu spät um den Fall von Veracruz zu verhüten.
Endlich, im Frühjahre 1839, kam es zu einem Vertrage zwischen den beiden Regierungen. Es wurde in
denselben bestimmt daß Mexiko die Hälfte des verlangten
Schadenersatzes bezahle, und sich verpflichte hinfort die
dort ansässigen Franzosen mit Schonung zu behandeln.

Nach wiederholten Aufständen wurde im Jahre
1844 Santana wiederum zum Präsidenten erwählt.
Doch war seine diesmalige Administration keine
glückliche. General Paredes erklärte sich gegen die Regierung. Diesen zum Schweigen zu bringen zog Santana mit seiner ganzen Streitmacht aus. Während
seiner Abwesenheit jedoch erhob sich auch die Bundesstadt unter der Leitung des General Herrera gegen
ihn. Der Congreß wurde entlassen und ein neuer her-
beigerufen, während der Vicepräsident provisorisch regierte. Als Santana zurück eilen wollte um die Hauptstadt wieder zu zügeln, fand er sich plötzlich von seinen
früheren Anhängern und Truppen verlassen. Umher-

irrend, wurde er von den Insurgenten gefangen und im erwähnten Congresse des Hochverraths angeklagt. — Er wurde mit Confiscirung seiner Güter zu lebens= länglichem Exile verurtheilt.

Ohnmächtig und tief gestürzt, war der sonst freche und stolze Santana gezwungen, nach Cuba auszuwan= dern. Bis dahin war sein Wahlspruch immer ge= wesen: „Dem Kühnen gehört die Welt"; jetzt sah er sich zum Glauben gezwungen, daß es Ausnahmen von der allgemeinen Regel giebt.

Es tritt jetzt wiederum eine neue Epoche in der Geschichte von Mexiko ein. Und zwar sollte es diesesmal mit einer tiefen Demüthigung des unglücklichen Landes enden.

Mexiko hatte, wie schon erwähnt, seine Zustim= mung zu der Unabhängigkeit von Texas gegeben, aber man glaubte daß dadurch dieser jungen Republik das Recht nicht eingeräumt sei, sich der Union einzuver= leiben. Hierzu kam noch, daß die Mexikaner sich belei= digt fühlten durch jeweilige Anträge der Union, sich noch weiteres mexikanisches Gebiet aneignen zu dürfen. Auch machten die Anglo-Amerikaner verschiedene Flibustier= streifzüge auf mexikanischen Gebiete, um zu plündern, 2c.

Um die Lage der Dinge recht zu verstehen, muß bemerkt werden, daß zu dieser Zeit zwei Hauptparteien im Congresse der Union ihr Wesen trieben. Es waren die Pro= und Antisklavereiparteien. Die Ersteren sahen sich gezwungen die Union im Süden auszudehnen, um neue Sklavenstaaten zu gewinnen, durch deren vertretende Senatoren im Congresse sie die Majorität erhielten, und dadurch das gefährdete Institut der Sklaverei fester zu begründen. Man wird sich erinnern das die Whigs oder Antisklaverei-Männer der Aufnahme von Texas in die Union sehr zuwider waren; und umgekehrt, als später der Freistaat Kansas der Union einverleibt werden sollte, die Demokraten oder Prosklaverei-Männer sich sehr heftig dagegen auflehnten.

Auf diese Weise verschiedene Male gereizt, rächten sich die Mexikaner durch einen Einfall in Texas und plünderten, sengten und mordeten nach Belieben.

Durch diese Frechheit der Mexikaner unterstützt, gelang es nun der Sklavereipartei das Kabinet von Washington zu bewegen, der Schwesterrepublik Mexiko den Krieg zu erklären. Im Frühjahr 1846 wurde der General Taylor mit 5000 Mann von Washington abgesandt, um Mexiko zu züchtigen.

Durch diese auswärtige Gefahr wurden die inneren Unruhen von Mexiko vorläufig beseitigt. Man bereitete sich zum größten Widerstande vor. General Arista, ein alter und bewährter Soldat, wurde mit 8000 Mann dem amerikanischen Generale Taylor entgegen gesandt.

Nach wiederholten Scharmützeln kam es am 7. Mai zu einen allgemeinen Treffen auf der Prairie Palo

Alto. Aber so heftig und ungestüm war der Sturmangriff der Amerikaner, daß Arista in kurzer Zeit
geschlagen wurde. Seine Armee floh nach allen Richtungen und beschämt und entmuthigt reichte er seine
Entlassung ein.

Jetzt war in Mexiko guter Rath theuer. Trotzalledem unternahm es der neuernannte General Don
Mariana Solas, das Land zu retten. Er begann
mit einer Anklage gegen den damals regierenden Präsidenten Paredes; er schob die Schuld des erlittenen
Unglücks ausschließlich auf ihn; entsetzte ihn dann seines
Amt's; rief Santana aus der Verbannung zurück;
und übernahm provisorisch die Regierung in seine eigene
Hände. Noch erließ er eine Proclomation, in welcher
er alle befähigten Männer vom 15. bis zum 50. Lebensjahre zu den Waffen rief.

Bald nach diesem traf Santana in Mexiko ein.
Ueberall wurde er als des Landes Erlöser begrüßt.
Schon wurde er der „Erretter" genannt und doch war
Mexiko noch nicht gerettet!

Indessen er machte den Versuch. Flugs verkaufte
er beinahe sein gesammtes Eigenthum, mit dessen Ertrage er eine ganze Brigade Infantrie ausrüstete mit
Waffen, Ammunition, Wagen, 2c. Diese Selbstaufope-
rung fand den größten Beifall und auch Nachahmung.
Der Klerus stellte 3 Millionen und die Bürger stellten
andere 500,000 Piaster zu seiner Verfügung.

Während dieser Zeit waren aber die Amerikaner nicht müssig gewesen. Die nordwestlichen Provinzen waren alle in die Hände Taylor's übergegangen. In Monterey, Tampico, Durango ꝛc., wehte das Sternenbanner der Union von den Dächern der Haupthäuser.

Als schließlich Santana mit seinem Heere im Februar 1847 heran gezogen kam, fand er die feindliche Armee schon bis zum Dorfe Buena Vista vorgedrungen. Schnell ging's zum Treffen; jedoch wurden an diesem Tage wenig ausgerichtet. Am folgenden Tage wurde der Angriff wiederholt. Der Zusammenstoß war ungemein heftig; und schon fingen die Amerikaner an zu weichen, als plötzlich der Obrist Jefferson Davis mit seinem Regimente den Feind im Rücken angriff, ihn verwirrte und schlug, so daß er mit panischen Schrecken vom Felde floh.

Es wird dem Leser nicht unlieb sein, wenn ich bemerke daß dieser Jefferson Davis derselbe ist, welcher später als Präsident der Conföderation die jüngst beschlossene große Rebellion so geschickt leitete. Davis war der Schwiegersohn des General Taylor's, der bei Buena Vista commandirte. Doch war Taylor diese Verwandschaft sehr unlieb. Seit der Verheirathung seiner Tochter mit Davis, hatte er ihr verboten ihn je wieder zu besuchen.

Durch diese eben erzählte Tapferkeit des Davis, wurde jedoch der Zorn des alten Schwiegervaters ge-

brochen. Nachdem der Sieg errungen, ließ er Davis
vor sich fordern. Er umarmte ihn und bemerkte seine
Tochter wüßte doch die Männer besser zu schätzen als
er; „und" beschloß er, „ich bin stolz auf meinen Schwiegersohn." —

Sonderbar ist es daß beide, die Union und auch
Mexiko sich den Sieg zuschrieben. Doch da die Erstern
nur 2000 Mann, und die Letzteren 4000 Mann verloren und obendrein vom Schlachtfelde vertrieben wurden, so fällt die Entscheidung wohl leicht.

Nun aber trat eine neue Phase in diesem Kriege
ein. Da das Kabinet von Washington glaubte,
daß General Taylor zu langsam vorschreite, wurde
der Oberbefehl dem Generale Winfield Scott über-
tragen. Mit einer großen Flotte, 12,000 neuen
Truppen, und unterstützt von Taylor's Armee, griff
dieser die Festung San Juan de Ulna an, gewann sie
nach kurzer Gegenwehr und landete nun ganz gemäch-
lich mit allen seinen Truppen in Veracruz. Bald darauf war Scott mit seinem Heere auf dem Wege nach
der Bundesstadt Mexiko.

Natürlich war der Dictator Santana noch lange
nicht geneigt sich zu ergeben. Sofort ließ er die unum-
gänglichen Gebirgspässe, welche von Veracruz nach Mexiko führen, befestigen und besetzen. Am 17. April
stieß die Vorhut der amerikanischen Armee, unter General Twiggs auf einen dieser Pässe nahe dem „Cerro

graube." Doch ließ sich General Scott nicht lange
aufhalten. Mit der Hauptarmee angelangt, wurden
die Festungen des Passes erstürmt und genommen.

Es war dieses für Scott ein glänzender Sieg.
Nicht nur stand ihm nunmehr der Weg nach Mexiko offen,
sondern er hatte auch nahe an 10,000 Mexikaner in
Gefangenschaft. Auch fielen ihm 22,000 Piaster in
die Hände, welche Santana in der Eile seiner Flucht
mit seinem anderen Gepäck zurückgelassen hatte.

Nach einer zweitägigen Ruhe schickte sich die sieg=
reiche Armee wieder zum Marsche an. Da aber schlech=
tes Wetter schnelles Vorrücken unmöglich machte, so
langte Scott erst am 17. August in der Nähe von
Mexiko an. Hier traf er jedoch wieder auf ernstlichen
Widerstand. Santana hatte das Kriegsgesetz verkün=
digt und ein jeglicher Mexikaner, in dessen Busen noch
ein wenig Vaterlandliebe herrschte, war unter den Waf=
fen, um die geliebte Metropole zu vertheidigen. Früherer
Zank und Haber wurden jetzt beseitigt und alle
Parteien vereinigten sich, um das Andringen des Fein=
des zu hindern.

Doch es war zu spät; und dann auch, die
Mexikaner waren nicht gewohnt, sich mit solchen beharr=
lichen und ausdauernden Truppen, wie die Amerikaner
waren, zu messen. Während ihrer innern Kriege,
waren sie gewohnt nach dem ersten Zusammenstoß nur
einmal zu feuern, wo nach jedesmal eine Partei

sich auf die Flucht begab. Nicht so der kaltblütige Amerikaner. Ausdauer und Energie zeichnen hauptsächlich seinen Charakter.

Am 20. August wurden die Festungen Contreras und Churubusco erstürmt und genommen. Nun machte Scott Friedensanträge, welche auch zuerst angenommen, aber nachher doch wieder vom Dictator Santana, umgestoßen wurden. Nun rückte Scott noch weiter vor. Am 12. September lagerte er mit seinem Heere auf der romantischen Anhöhe Chapoltepec, wo in glücklicheren Jahren Montezuma's schönes Schloß sich in die Luft erhob.

Zwei Tage später begann die Bombardirung der altberühmten Stadt. Schon am folgenden Tage wurde zum Sturmangriffe geschritten. Kaum hatte Scott einen Theil der Stadt gewonnen, so ergriff die Mexikaner plötzlich ein panischer Schrecken. Ein Regiment nach dem andern streckte die Waffen; und Santana konnte sich glücklich schätzen, daß es ihm gelungen bei Zeiten mit 9000 Mann nach Guadelupe zu entkommen. Noch an demselben Tage hielt General Scott seinen Paradeeinzug in die überwältigte Stadt! und sonderbar genug! — tausende von Mexikanern, Männer und Frauen, brachten ihm und seiner Armee Huldigungen dar.

Während der folgenden Nacht quartirten die Ame-

rikaner in der Stadt. Dieses hätte Scott zu großem
Unglücke gereichen können. Der Pöbel nämlich hatte
alle Schnapsbuden geplündert, und gaben den Ameri=
kanern von ihrem Ertrage sehr reichlich. Betrunken
trieben sich diese ohne alle Disciplin in der Stadt
herum. Plötzlich wurde von vielen Ecken und Fenstern
auf sie geschossen. Die ganze Stadt war in der größ=
ten Aufregung, einige hundert Amerikaner wurden
meuchelmörderisch getödtet, und wäre jetzt Santana in
der Nähe gewesen und hätte die Leperos unterstützt, so
hätten nur wenige Amerikaner entkommen können.

Wäre Santana in Scotts Stelle gewesen, so
würde dieser unbedingt eine allgemeine Niedermetzelung
aller Einwohner angeordnet haben. Doch nicht so Scott.
Er begnügte sich einen Befehl zu erlassen, in welchem er
droht daß jegliches Haus von welchem geschossen wurde,
unvorzüglich niedergerissen werden solle. Dieses hatte
seinen gewünschten Erfolg, denn die Amerikaner wur=
den hiernach nicht mehr molestirt. Ja, sogar viele
Mexikaner ließen sich zu den kriechensten Schmeiche=
leien herab.

Der Congreß hatte sich mit Santana nach Guada=
lupe zurückgezogen. Mit diesem knüpfte Scott nun
Friedensunterhandlungen an. Am 2. Februar 1848
kam auch ein Vertrag zu Stande. Dieser wurde auch
bald von dem, seit der Zeit erwählten Präsidenten
Herrera bestätigt.

Diesem Vertrage gemäß trat Mexiko 35,000 geogr. Q.Meilen Ländergebiet an die vereinigten Staaten ab. Die Grenzen der beiden Republiken sollte nunmehr am unteren Rio Grande beginnen sich diese entlang nord= wärts ziehen bis an die Südspitze von Neu=Mexiko; von hier sollte die Süd=Westgrenze fortlaufen bis zum ersten Arme des Rio Gila; diesen Arm westwärts verfolgen, bis er auf die Linie stößt, welche Unter= von Oberkalifornien trennt; dieser Linie entlangs bis zum Pacific=Ocean. Neu=Mexiko, Oberkalifornien und das geräumige Colorado Territorium fielen in die Hände des Siegers. General Scott, im Namen der Union verpflichtete sich noch an Mexiko 15 Millionen Dollars auszuzahlen, damit Europa der Union keinen Des= potismus vorwerfen könne,—Despotismus, welcher die erste beste Gelegenheit wahrnimmt, mit physischer Macht sein Ländergebiet zu erweitern. Auf diese Weise kaufte die Union besagtes Ländergebiet von Mexiko.

Es ist kaum nöthig zu erwähnen, daß der Congreß der Vereinigten Staaten diesen Friedensvertrag bestätigte. Er fand in den Herzen eines jeden Amerikaners war= men Anklang. — Anfangs August wurde Mexiko von den Truppen der siegreichen Union geräumt.

Aber wie ist es doch so wahr daß, Gott lenkt trotz allem menschlichem Denken und Sinnen! Die Proskla= vereipartei hatte nun ihren Plan erreicht und viel südliches Territorium gewonnen, — ihren Plänen das Institut der Sklaverei verewigen zu wollen, schien nichts mehr im Wege zu stehen, — aber es kam die glücklich = unglückliche Rebellion, und — die Sklaven sind frei.

Kapitel VIII.

Rundschau in der Metropole Mexikos. Erhabener Anblick — einfache Architectur — übler Geruch — Plaze mayor — die Cathedrale — Kloster — Regierungsgebäude. Universität. Straßenallee. Hotels.

Wenn auch, wie wir gesehen haben, die Truppen der Union von der Metropole Mexikos entfernt sind, so werden uns unparteiischen Deutschen die mexikanischen Behörden doch nichts anhaben, wenn wir uns jetzt ein wenig in der Stadt umschauen; umsoweniger, wenn wir versprechen, daß wir von unseren etwaigen Entdeckungen keinen politischen Gebrauch machen wollen.

Von Süden die Stadt betretend, treffen wir vorerst auf einer Anhöhe das jetzt berühmte Militärinstitut Chapoltepec, Bustamente, Bravo, Arista, 2c., wurden hier ausgebildet. Früher war dieses die Sommerresidenz des unglücklichen Montezuma. Es heißt, daß Cortez mit seiner Schar Räuber, als sie hier ankamen, so sehr von der Pracht der vor ihnen liegenden Metropole erfüllt wurden, daß sie geblendet auf die Erde fielen. Sie wähnte nämlich, daß die aus Porphyrsteinen gebauten Häuser aus reinem Silber wären.

Uebrigens bietet auch die Stadt von diesem Puncte einen höchst imposanten Anblick dar. Die Architektur der Wohnhäuser möchte man zwar monoton nennen. Sie bestehen größtentheils aus 4 schlichten Wänden und plattem Dache. Mexiko ist nicht wie andere Städte erbaut, wo die Häuser aneinander grenzen. Die Stadt erscheint als ob sie aus unzählbaren Gartenhäusern, einschließlich der Gärten bestehe. Fast durchgängig sind die Häuser nur eine Etage hoch.

Wir wandern nun durch einige Vorstädte. Hier dürfen wir nie ohne Waffen umhergehen, denn das dort wohnende Gesindel ist immer zum Morden bereit.

Wir wären nun in der Stadt angelangt. Treten wir vorerst in ein Hotel um uns abzukühlen. Sonderbar! hier finden wir Restauration, Trinksalon und Hotel unter einem Dache! Wir genießen von einer Melone. Wie labend, wie köstlich! Sie wiegt mehr als 25 Pfund. Unsere Bedienung geschieht durch Mestizenmädchen. Wollen wir hier unser Gepäck zurücklassen? Gut! wir miethen gleich ein Zimmer hier; baden, kleiden uns um, und nun hinaus in die Stadt.

Der uns entgegenkommende üble Geruch ist unvermeidlich; die Stadt liegt in einem förmlichen Becken, und ist somit der Abzug der Gewässer sehr langsam. Sollte es regnen so müssen wir uns von den Seitenwegen entfernen, indem man hier nichts von Dachrinnen weiß.

Wie die Straßen alle so breit und schnurgerade! Gehen wir in der Mitte, wo uns zwei Reihen belaub= ter Maulbeerbäume hübschen Schatten bieten, wo wir Lauben und Bänke finden, die uns zum Ausruhen einladen.

Hier wären wir auf dem vielbesprochenen Plaze mayor. Schade nur, daß die Marktkrämer uns fast den Durchgang versperren! Hier ist was das Herz be= gehrt! Fische und Schlafröcke, Blumen und Maisbrod, Mausefallen und Pferde. Wenn nur diese Geigen und Drehorgel würden ihren Lärm einstellen.

Dieses großartige Gebäude zu unserer Linken war früher der Pallast der Vicekönige; jetzt jedoch ist es die Wohnung des Präsidenten. In den geräumigen Hallen hat der Congreß seine Sitzungen. Welche heißen Debatten wurden hier geführt; und welche volks= verrätherischen Pläne wurden hier ausgebrütet!

Die vor uns liegende Cathedrale ist von den 14 Kirchen in Mexiko die größte. Es bedurfte einer Zeit von 100 Jahren um diesen prachtvollen Bau zu vol= lenden. Sie enthält die größte Glocke des westlichen Continents. Sie ist achtzehn Fuß hoch und 9 Fuß im Durchmesser. Unter vielen Schätzen birgt diese Cathedrale einen Juwelenschmuck im Werthe von 100,000 Pesos. Während der großen Messe präsidirt hier der Erzbischof.

Das Gebäude zu unserer Rechten war früher das Inquisitionsgebäude. Jetzt ist es in eine Kaserne und ein Staatsgefängniß umgewandelt. Welche Schrecken hier vormals manche der grausamen Dominicaner anstifteten, läßt sich nicht leicht in Worten erklären. Nun gottlob! ihre Macht ist bald dahin.

Jenes thurmreiche Häusergebiet ist das San Franciscakloster. Es ist das größte in ganz Amerika. Es hat allein innerhalb seiner Grenzen 7 Kirchen und Kapellen. Auch sind mehrere Real- und Handwerkschulen darin angelegt. Es verdankt seine Entstehung einem reichen Mienenbesitzer, Fray Pedro, einem Manne der sich durch Wohlthun der Geschichte von Mexiko auf ewige Zeiten eingeprägt hat. —

Begeben wir uns nachdem Plazuela del Velader! Hier ist's doch erträglich, da die Marktleute hier nicht so sehr ihr Wesen treiben. Die vorzüglichste Merkwürdigkeit dieses Ortes ist das großartig und weitläufig angelegte Universitätsgebäude. Hier werden die Söhne der reichen Mexikaner zu Staatsmännern, Aerzten ꝛc. herangebildet. Humboldt lobt seine botanischen Vortrefflichkeiten, so wie auch sein ausgezeichnetes Museum. Namentlich ist dieses Museum an Gypsstatuen sehr reich. Die eiserne Rüstung des Cortez wird hier auch unter anderm aufbewahrt.

Gehen wir nun dieser Calle de Tacuba entlang.

Wir sind erstaunt so viele Juwelenläden anzutreffen; und noch mehr, daß diese hier wie allerwärts in den Händen der Israeliten sind.

Doch ruhen wir in dieser Laube und genießen ein Glas Limonade, welche hier eine hübsche Mestizin verkauft! Vortrefflich. — Fast scheint es als ob die Straßen bloße Alleen seien. Wo sich zwei derselben kreuzen, ist gewöhnlich ein Park angelegt, welcher mit Springbrunnen und Lauben reichlich versehen ist. Obst wird von allen Seiten angeboten.

Eigenthümlich ist's anzusehen, daß fast sämmtliche Wohnhäuser bis um 4 Uhr des Nachmittags verschlossen sind. Erst um diese Zeit zeigen sich die Damen auf den Balconen. Später reiten und fahren sie spazieren.

Indessen wir sind ermüdet. Wir kehren nach unserem Hotel zurück, unterwegs durch das melodische Geläute der vielen Glocken erbaut, welche zur Messe einladen. So, da wären wir wieder. Hören sie, Senara, reichen sie uns gefälligst Abendbrod! Speisekarten? Nun die sind überflüssig in Mexiko; hier essen alle Leute dasselbe. Unser Mahl besteht aus sehr starkem, schwarzem, bitterem Kaffee, gutem Beefsteak, warmem Maiskuchen und eingemachtem Obst. Nun, nun, nur die Stirne nicht gerunzelt, der Kaffee ist vortrefflich.

Ins Theater, zur Lectüre, zum Conzert? Es thut mir leid, derartige Dinge kennt man hier nicht. Wiefern man nicht der Messe beiwohnen will oder sich am Kartenspiel betheiligen will, muß man sich zur Ruhe begeben. Aber die Musktitos! Die Musktitos und Wanzen!!! Nun, um denen zu entgehen, schla= fen wir lieber zu Haus.

Kapitel IX.

Totale Anarchie. Santana wieder Präsident. Sein Despotismns. Sturz. Schließliche Flucht nach Cuba. Commonfort. Miramon. Juarez. Seine Herkunft. Fleiß. Erfolg. Aufopferndes Bestreben das Land zur Ruhe zu bringen.

Es ist sicherlich nicht angenehm fortwährend von neuen Unruhen berichten zn müssen. Wie wir gesehen, war beim Friedensschlusse mit der Union, General Herrera, Präsident von Mexiko. Ein Aufstand unter dem schon früher erwähnten Paredes wurde zwar von Herrera gedämpft, aber doch mußte er schließlich dem General Arista weichen, welcher sich 1851 zum Präsidenten machte. Wirren folgten auf Wirren. Auch Arista wurde nach zwei Jahren durch den Richter Cevallos gestürzt. Dieses war das erste Mal, daß ein Civilist den Präsidentenstuhl einnahm. Aber auch sein Regiment war von ganz kurzer Dauer. Als er nämlich versuchte den sich nicht fügenden Generalcongreß durch Militärmacht aus einander zu treiben, erklärte sich General Uraga wider ihn und zwang ihn abzudanken.

Jetzt herrschte vollkommene Anarchie. Ein jeder

Hauptmann mit ein paar Dutzend Soldaten war un-
abhängiger Gebieter und raubte und plünderte nach be=
lieben. Zuletzt riefen wieder alle nach dem vormaligen
Erlöser Santana. Er kam. Im März 1853 wurde
er zum lebenslänglichen Dictator ernannt. Zum Ruhme
des Santana muß es gesagt werden, daß er diesmal
sehr fleißig war, Ruhe und Ordnung wieder herzu=
stellen. Er schuf eine neue Staatsverfassung, annullirte
das Repräsentantensystem, und somit die Existenz eines
Congresses, ernannte ein Ministerium von 21 Mitglie=
dern, beschränkte die Gewalt der einzelnen Provinzen
von Mexiko und schließlich, um die unbedingt erforder=
liche Zuneigung des Klerus zu gewinnen, erlaubte er
die Wiedereinführung des Jesuitenordens, welcher schon
früher abgeschafft war. Kurz, Santana regierte nun
mit eisernem Despotismus.

Um diese Zeit beschloß Santana mit der Union
den sogenannten Gasdenvertrag, in welchem ersterer
für die Vergütung von 10,000 Dollar das streitige
Mecillathal, so wie auch anderes Ländergebiet für die
Erbauung einer Eisenbahn nach dem Paceficocean an
die Union abtrat.

Aber Santana's angenommene Strenge verfehlte
doch ihren Zweck. Trotz allem Einflusse des Klerus
brach doch unter der Leitung von General Alvarez eine
neue Rebellion aus. Es erließ dieser ein vielverspre=
chendes Pronunciamento und zog dadurch viele Anhänger

an sich. Als schließlich die besten Generäle zu Alvarez übergingen, hielt es Santana für's Beste abzudanken und ehe noch sein persönliches Eigenthum confiscirt würde sich mit demselben nach Cuba einzuschiffen.

Jetzt folgten in drei Monaten von August 1854 bis zum November desselben Jahres drei Präsidenten — Alvarez, Carrera und Diaz de la Vega! General Commonfort, ein umsichtiger, rein demokratischer und Antiklerusmann, ergriff nun die Zügel der Regierung. Er war der 36. Präsident binnen 40 Jahren!

Doch sollte Commonfort bald erfahren, daß seine Nichtberücksichtigung der Priester ihn des erforderlichen Einflusses beraubte. Als nämlich ein Jahr später der neue radikale Congreß eine neue Staatsverfassung ent= warf, weigerten sich viele Beamte und Generäle dar= auf den Eid abzulegen. Nun folgte wieder das alte Lied, eine alte Rebellion und ein anderer Präsident. General Miramon war dieses Mal der Unglücklich= glückliche.

Aber auch Miramon, mit allen seinen Kriechereien, und Heucheleien dem Klerus gegenüber, vermochte sich nicht lange zu halten. Doctor Benito Juarez, ein wahrer Demokrat, leitete einen weitverzweigten Aufstand wider die bestehende Regierung. Sich noch zu schwach fühlend Mexiko selbst anzugreifen, ließ er sich vorläufig in Veracruz zum Präsidenten inauguriren. Als es später am 22. December 1860 zwischen ihm und den

Truppen Miramon's zu einer Schlacht kam, wurden die
letzteren ungemein geschlagen. Drei Tage später war
Juarez in Mexiko und war nun der allgemein aner=
kannte Präsident.

Juarez der nun immer mehr in den Vordergrund
tritt, und der heute noch Maximilian schlimme Träume
verursacht, ist ein vollblütiger Indianer. Im Staate
Oaxaca geboren, fing er schon früh an sich den Wissen=
schaften zu weihen. Alle Bücher, jeglichen Inhaltes,
die in seinem Bereiche waren, durchlas er mit
großem Heißhunger. So thätig war er, so uner=
müdet, daß er schon im 22. Lebensjahre, trotz seines
obscuren Herkommens, sich den Doctorhut der Rechte
erwarb. Als Anwalt angestellt, ließ seine Energie nicht
nach. Durch seine Kenntnisse und seine unerschütterliche
Rechtlichkeit erwarb er sich bald das unumschränkte Ver=
trauen seiner Mitbürger. Schon war er zum Stadt=
halter erwählt; aber kurz darauf wurde er auch vom
Staate Oaxaca zum Abgeordneten des souveränen Con=
gresses ernannt. Seine kurz darauf folgende Geschichte
ist uns schon bekannt.

Wie sehr auch eine ihm feindliche Presse diesen
Mann herab zu würdigen sucht, so bleibt es doch
wahr, daß wohl nie ein ehrlicherer Mann die Zügel
der mexikanischen Regierung in Händen hatte. Auch
muß ihn ein jeder als einen selbstgemachten Mann
ehren. Er hatte nicht das Glück, Jahre lang auf Uni=

verfitäten zu ftudiren, aber dennoch fteht er an Kennt=
niffen keinem feiner Landsleute nach. Außerdem ift
fein Patriotismus einer der reinften. Nicht wie feine
Vorgänger, lebt er ausfchließlich für fich felbft; — er
lebt für das allgemeine Wohl.

So kam es auch, daß Juarez fefter auf dem Prä=
fidentenftuhle faß, als feine Vorgänger. Wie ein guter
Landesvater fuchte er das tiefgefunkene Land zu
heben. Aber auch er hatte feine Kämpfe zu beftehen.
Bekanntlich hat in Mexiko von jeher eine Ariftokratie
der Hautfarbe beftanden. Diefer gemäß gehörte Juarez
als Indianer der niedrigeren Volksklaffe an. Und daß
ein brauner Mann nun regieren follte, fchien den ver=
weichlichten Creolen unerträglich. Noch mehr, Juarez
ließ es gar bald den habgierigen Klerus wiffen, daß er
zu viel todtes Kapital in feinen Klöftern und Kirchen
berge, — Kapital, welches erforderlich fei das ruinirte
Land wieder emporzuheben. Diefes verurfachte natürlich
ängftliches Bedenken und Feindfchaft.

Es währte auch nicht lange bis wieder neue Un=
ruhen ausbrachen; und obfchon es auch Juarez gelang
fich in feinem Amte zu erhalten, fo vermochte er doch
nicht der Willkür verfchiedener Generäle zu fteuern,
welche in entlegenen Landestheilen ihr muthwilliges
Wefen trieben, — raubten, fengten und mordeten nach
Belieben.

So kam es denn, was auch früher fchon dagewefen

war, daß mehrere Franzosen, Engländer und andere mit den reicheren Eingebornen ihr Hab und Gut ver= verloren. Die Gesandten der Regierungen, welchen diese Beraubten angehörten, verlangten nun für ihre Unter= thanen genügende Entschädigung 2c. 2c. — Nun ja, sie hatten recht; aber Juarez hatte auch recht, wenn er ihnen antwortete sich noch zu gedulden, bis es ihm erst gelungen sei das Land von seinem früheren Ver= derben zu heben.

Ob besagte Regierungen dem Juarez zu seinem guten Werke Zeit ließen, werden die folgenden Zeilen lehren.

Capitel X.

Europäischer Angriff. Napoleon's „Pferdefuß." Schlacht bei Puebla. Forey's Proclamation. Uebergabe von Puebla. Einnahme von Mexiko. Juarez Schwüre.

Im Oktober 1860 hielten die Abgeordneten der spanischen, französischen und englischen Regierungen in London eine Conferenz, um Schlüsse zu formuliren, auf welche Weise sie die verlangten Entschädigungen ihrer Staatsangehörigen erzielen könnten. Der Beschluß war, eine verbündete Expeditionsarmee dorthin abzuschicken, um nöthigenfalls ihre Forderungen durch Gewalt zu erlangen.

Schon im Januar 1862 landeten diese Rechtserzwinger in Mexiko, und nahmen vorläufig von der schönen Hafenstadt Veracruz besitz. Ein Spanier General Prim erließ im Namen der Expedition eine Proclamation, in welcher er die besagte Genugthuung forderte. Sie beschloß mit einer Versicherung vollkommener Uneigennützigkeit.

Bald nach diesem verlangten die Alliirten, daß ihnen erlaubt würde ihre Truppen weiter in's Innere des Landes vorzurücken wegen des in Veracruz herr-

schenden gelben Fiebers. Auch hierzu verstand sich der
ehrliche Juarez; jedoch unter gewissen Bedingungen. Er
verlangte nämlich, daß die erwähnte Expeditionsarmee bis
auf 2000 Mann herabgesetzt werde und daß diese dann die
Genehmigung haben solle bis nach Orizaba vorzurücken.
Hier, fügte er hinzu, würde er Versuchen mit den Ver=
bündeten in's Reine zu kommen.

Aber dieses offene und ehrenwerthe Anerbieten
wurde mit Verachtung behandelt. Ohne die Armee zu
verringern rückten die Alliirten nach dem bezeichneten
Orte. --

Mittlerweile war General Doblaba vom Präsi=
denten Juarez abgeschickt worden, um wo möglich die
aufgeworfene mißliche Frage zu schlichten. Auch kam es
unter beiden Parteien zu einem Verständnisse. Diesem
gemäß, sollten die Verbündeten die Städte Cordova,
Orizaba und Tehuacan beziehen bis ihnen die gefor=
derte Entschädigung würde.

Nun aber zeigte eine gewisse Regierung ihren
„Pferdefuß!" Erhaltenen Instructionen gemäß steigerte
Frankreich seine Forderungen. Folglich sah sich der
französische Admiral Jurien de la Graviere gezwungen
seine Unterschrift dem kürzlich gemachten Vertrage zu
entziehen.

Mit diesen erwähnten Instructionen kam auch zu=
gleich der französische Graf Lorencenz mit andern 2000
Truppen. Auch war dieser von seinem Herrn, Napo=

leon beauftragt, unvorzüglich nach der Bundesstadt Me=
xiko vorzurücken.

Diese Maßregeln schienen Frankreich's Alliirten
nicht früheren Verabredungen gemäß. England und
Spanien hatten nicht daran gedacht, blos Gelegenheit
zu suchen, um gegen Mexiko Krieg zu erklären und
es wo möglich unter ihre Knute zu bekommen. Sie
wollten nur daß gesetzmäßig Ihrige. Diese beiden Re=
gierungen zogen daher schnell ihre Truppen zurück und
entsagten vorläufig ihren Ansprüchen.

Napoleons Plan war nun offenbar; er wollte
in Mexiko eine Monarchie begründen. Dieses war um
so klarer, da mit dem Grafen Lorencenz zwei verbannte
Volksverräther angelangt waren. Der eine war Pater
Miranda, ein giftiger und abscheulicher Priester, welcher
schon früher Versuche gemacht hatte, einen europäischen
Fürsten zu bewegen sich Montezumas Krone anzu=
eignen. Der andere war der principlose General Al=
monte welcher in Mexiko allgemein als ein Feind der
Republik bekannt war. Natürlich hatten diese politischen
Ischariots auch ihre Anhänger.

Da Lorencenz seinem Treiben noch einen An=
schein des Rechts geben wollte, so stellte er nun vor=
läufig den Antrag einer erhöhten Entschädigung franzö=
sischer Unterthanen. Hierauf erklärte der großmüthige
Juarez, daß er jetzt wie vormals die Schuld Mexiko's
nicht leugne, — daß Frankreich bis zum letzten

Heller ausgezahlt werden solle; daß er aber vorläufig nicht in eine officielle Verbindung mit dem französischen General Graf Lorencenz treten könne, so lange wie dieser noch die verbannten und berüchtigten Landesverräther, Miranda und Almonte, in seinem Gefolge hätte.

Dieses ist was Frankreich wollte. Krieg war nun unausbleiblich. Flugs war Lorencenz mit seiner Armee auf dem Marsche nach der Hauptstadt. Doch ging es nur langsam voran, Lorencenz war kein zweiter Scott.

Juarez erklärte nun ganz Mexiko in Belagerungs= zustand. Diesem gemäß mußte ein jeglicher befähigte Mann Soldat werden. Auch drohte er, daß ein jeg= licher der mit den Franzosen in Verbindung träte, nach erfolgter Gefangennahme unvorzüglich erschossen werden solle. Diese Drohung wurde auch erfüllt. Als der Ge= neral Robles dieses Vergehens überführt war, wurde er ohne alle Ceremonie erschossen.

Mittlerweile war General Lorencenz in der Nähe von Puebla angelangt. Einige Pässe jedoch, welche zu dieser Stadt führen, waren schon durch den von Juarez dorthin beorderten General Zoragoza, besetzt und befestigt. Am 4. Mai schritten die Franzosen zu einem Sturmangriffe. Eine Stunde lang waren sie einem mörderischen Kreuzfeuer ausgesetzt; doch woll= ten sie nicht weichen. Immer wieder wurde der An= griff erneuert. Zuletzt schien es als ob sie siegen

würden, denn schon hatten sie einige feste Plätze erreicht; — aber siehe! die Elemente kommen den Mexikanern zu Hülfe! Ein ungeheures Gewitter entladet sich
über dem Kampfplatze. Der Donner rollt durch die zit-
ternde Luft mit fürchterlichem Getöse; die Blitze zucken
drohend durch das Gewölke; und der Regen ergießt sich
wie in Bächen. — Die Franzosen zogen sich schleunigst
zurück.

In diesem Treffen verloren die Franzosen 150
Mann an Todten, worunter sich allein 30 Offiziere
befanden. Die Franzosen waren tapfer, aber die Mexikaner noch mehr. Unter der Führung des unerschro-
ckenen Zoragoza hatten sie kämpfen gelernt wie sie es
nie früher verstanden.

Die französische Armee war zu dieser Zeit nur
6000 Mann stark und wagte somit Graf Lorencenz
vorläufig kein anderes Treffen. Kurz nachher brachte
ihm jedoch der schon erwähnte verrätherische General
Almonte eine Verstärkung von 4000 Mexikanern zu.
Auch trafen zu dieser Zeit noch Truppen von Frankreich ein und zugleich Instructionen von Napoleon noch
nicht sein wahres Vorhaben zu erklären.

Um Europa noch eine kurze Zeit zu täuschen,
wurde nun eben dieser Almonte angeblich zum Präsidenten ernannt. Dieser nahm nun seinen Sitz in Be-
racruz und beschäftigte sich damit für französisches Gold
Juarez und seine Anhänger zu anathematisiren. Natür-

lich wurden sie in seinen Pronunciamentos als Erzver=
räther verschrien und für vogelfrei erklärt.

Die Gefahr voraus sehend, ließ Juarez noch ein=
mal durch General Zoragoza einen Friedensvertrag an=
bieten. Als aber dieser trotzig zurück gewiesen wurde,
bereitete man sich zum heftigsten Widerstande vor.

Trotz der erwähnten Verstärkungen waren die
Franzosen gezwungen wegen Mangel an Ammunition
bis zum September unthätig in Veracruz zu verharren.
Das gelbe Fieber und auch Guerilleros richteten wäh=
rend dieser Zeit große Verheerungen unter ihnen an.
Schon wurden die Lebensmittel rar, und überhaupt
waren die Truppen höchst unzufrieden.

Endlich, Mitte September, erreichte die lange er=
wartete französische Flotte das mexikanische Ufer. Diese
Flotte brachte allen erforderlichen Kriegsbedarf, so wie
auch 30,000 Mann bewährter Truppen unter dem
Obercommando des General Forey's.

Kurz nach der Landung übernahm Forey erwähn=
ten Oberbefehl und machte nun auch kein Geheimniß
mehr aus der eigentlichen Absicht Napoleon's. Er er=
klärte öffentlich, daß er gekommen sei Mexiko eine dauer=
hafte und verantwortliche Regierung zu geben. Seine
erste Aufgabe war die Präsidentschaft des Almonte
zu annulliren. Hiernach publicirte er seine berüchtigte
Proclamation, in welcher er angab daß er nicht vor
habe gegen Mexikaner Krieg zu führen, sondern nur

7 *

solche Rebellen zu züchtigen, welche den öffentlichen Frieden störten!

Wußte Forey nicht wer der eigentliche Friedens= störer war? War nicht Juarez gesetzmäßiger Präsident der alle Zugeständnisse gemacht hatte, welche er als Mann und Patriot machen konnte? War vielleicht nicht Forey selbst dieser „höllische Störer"? —

Mitte Oktober rückte Forey mit seinen 30,000 Veteranen vor. Die Hauptstadt war sein Ziel. — Wenn aber General Scott mit 12,000 Mann, Me= xiko erreichen und einnehmen konnte, wie viel eher mußte es dann Forey gelingen!

Jedoch vorerst mußte Puebla genommen werden und wie wir gesehen haben erlitten die Franzosen schon ein Jahr früher eine Niederlage. Doch was war nun mit solcher Macht zu fürchten? Schnell wurde zur Belagerung des Ortes geschritten.

Zum Unglück für Juarez war sein bester General Zoragoza dem gelben Fieber erlegen; und sein Nach= folger Ortega zeigte gar bald, daß er seinem Platze nicht gewachsen war. Ohne je einen Ausfall zu wagen ließ er sich vollkommen einschließen. 55 Tage währte schon die Belagerung und immer erfolgte kein Ausfall. Die Franzosen verloren zwar nahe an 2000 Menschen, aber was war dennoch der schließliche Erfolg? Vom Hun= ger gezwungen, mußte sich die Garnison 12,000 Mann stark, worunter 15 Generäle, ergeben.

Forey nahm Besitz von Puebla. Alle Waffen, Kanonen und Gewehre fielen in seine Hände, aber — durchgängig waren die Kanonen vernagelt und kein Gewehr wurde gefunden, welches nicht mehr oder minder zerbrochen war.

Von nun an trafen die Franzosen keine Hindernisse mehr auf ihrem Marsche nach der Hauptstadt. Am 5. Juni 1863 hielt Forey seinen Einzug in Mexiko. Es wird berichtet, daß er daselbst mit vielem Jubel empfangen wurde; und daß unter allen Classen die Franzosen mit dem Epitheton „Erretter" belegt wurden.

Trotz diesen Berichten, ist es dennoch bekannt, daß dieser Jubel nicht allgemein war. Er erstreckte sich vielmehr auf Finsterlinge, Priester und gewissenlose Politiker und Aemterjäger, welche um Land und Leute wenig geben.

Aber wo ist Juarez? —

Mit seinen Anhängern hatte er sich nach San Louis de Potosi zurückgezogen, bei dem Gotte seiner Väter schwörend, daß er der bitterste Feind aller Usurpatoren sei und bleibe. — Er wird von einigen der „letzte Mexikaner" genannt. Augenblicklich ist er dieses wohl; wenigstens ist er gegenwärtig der hervorragendste Patriot. Aber sein Stern und der Stern der mexikanischen Republik sind noch nicht erloschen. Die Hoffnung, daß Mexiko wieder gänzlich frei werde, ist noch nicht erstorben.

In den Vereinigten Staaten wird der Name des braunen Patrioten sehr gefeiert. Zwar mißt die gedankenlose Menge den begabten Mann nach seinem Erfolge, — dennoch wird keiner wagen Juarez Recht und Ruhm abzusprechen.

———

Kapitel XI.

Das Kaiserthum unter Maximilian I. Einige Gedanken über die Zukunft Mexiko's. Maximilian's Aussichten. Schließliche Erklärung von Juarez. Bemerkungen.

Nach Durchlesung der Geschichte der unglücklichen mexikanischen Republik wird der Leser zum Glauben geneigt sein, daß eine monarchische Regierung dem verkommenen mexikanischen Volke die passenste sei. Wohl wahr; denn um eine Republik zu erhalten bedarf es einer Aufklärung, Tugend und Vaterlandsliebe, welche der Mehrzahl der Mexikaner ganz abgehen.

Aber wie? läßt sich diese Frage nicht von einem anderen Gesichtspunkte betrachten. Ganz recht! gegenwärtig sind die Mexikaner einer Republik nicht gewachsen. Liegt aber diese Unfähigkeit wohl nicht in gewissen Umständen, welche umgeändert werden könnten? Gewiß!!

Stürzt das Priesterthum; so ist den Mexikanern geholfen! — Wie zur Zeit der Vicekönige, haben die Priester fortgefahren, das Volk unter ihrer Knute zu behalten. Dummheit, Aberglauben und Lasterhaftigkeit waren die Mittel, welcher sie sich bedient. Einer, der mit mexikanischen Verhältnissen innig vertraut ist, sagt, daß ein Mexikaner, obschon er zur Zeit vom mörderischen Blute seines Nachbars geröthet, sich nie würde bewegen lassen am Freitage Fleisch zu essen. Zeigt dieses nicht klärlich, daß die Priester absichtlich das Volk für den jetzigen Sachbestand erzogen, indem sie Raub und Mord im Beichtstuhle nicht straften und sich nur mit nichtssagenden Sachen befaßten?

Diese Finsterlinge wollten eine Monarchie in dem Glauben, daß sie dann ihr Wesen ungestörter treiben könnten. Nun haben sie ihren Zweck erreicht. Ob es aber immer so bleibt unter dem wechselnden Monde, ist wohl sehr die Frage.

Der Regierung in den Vereinigten Staaten sind Napoleon's Pläne bezugs Mexiko nicht entgangen; aber deren Einführung abzuwenden war sie zur rechten Zeit zu schwach. Da aber nun die Union wieder hergestellt ist und deren Regierung stärker als vormals geworden, hat sie sich positiv gegen die Einführung einer Monarchie in Mexiko ausgesprochen. Nicht nur ist Maximilian's Regierung vom Kabinet in Washington nicht anerkannt, sondern Napoleon ist auch aufgefordert seine Truppen ohne allen Verzug von Mexiko zurück zu ziehen.

Aber was dann? Napoleon zieht jetzt seine Armee zurück. Was wird dem Maximilian geschehen? Das Volk — die Amerikaner schreien um Krieg — instantiö=

sen Krieg gegen Maximilian und um die Aufrechter=
haltung der „Monroe Lehre", nach welcher sich die
Amerikaner verpflichten keine Monarchie in Nordamerika
zu dulden.

Aber die Regierung? Ihre Schuldenlast fühlend,
möchte sie jetzt nicht schon wieder einen Krieg unter=
nehmen. Somit versucht sie vorläufig ihren Zweck
durch Diplomatik zu erreichen. Schlägt dieses fehl, —
nun, Amerika weiß darauf los zu schlagen.

Aber es wird eingewandt, daß dadurch den Mexi=
kanern noch wenig gedient sei, indem eine republi=
kanische Regierung ihnen nur zum Fluch gereiche, so
lange sie nicht einer solchen befähigt. Die Lösung der
Frage findet man hier. Schon haben sich große Co=
lonien Amerikaner in einigen Staaten Mexiko's, als
Senora, Unterkalifornien ꝛc. nieder gelassen. Welche
ungemeine Energie solche Colonien belebt, haben wir in
der Geschichte von Texas gesehen. Wie! wenn diese
Staaten, wie Texas der Zeit, durch die Einwanderung
neu belebt, sich unabhängig erklärten und später vielleicht mit der Union verschmölzen?

Die Geschichte hat gelehrt, daß kein Indianer,
noch sonst eine Rasse den thätigen, muthigen und fähi=
gen Angloamerikanern erfolgreichen Widerstand leisten
kann. Was wäre dann die natürliche Folge?

Einige Republikaner befürchten, daß Maximilian
trotz amerikanischer Angriffe sich könne dennoch mit

europäischen Beistande halten könne. Dieses ist wohl zu bebezweifeln, denn erstens trennt ein grimmiger Ocean Frankreich, England und Spanien von Mexiko, zweitens werden sich die Mächte hüten mit der Union ernstliche Händel anzuknüpfen, so lange ihre eignen Kronen nicht auf ihren Häuptern festgewachsen sind und so lange der Coloß Rußland in seinem sicheren Hinterhalte es sich möchte einfallen lassen, sich von Deutschland unterstürzt, an Frankreich zu rächen. Wird Napoleon Krieg wagen?

Die Zukunft der Union ist unbedingt eine viel versprechende. Auch ist ihr Regierungssystem nicht mehr was es früher spöttischer Weise in Europa genannt wurde — ein Experiment. Nach dem heftigsten aller Bürgerkriege stellt es sich als das vortrefflichste heraus. Und wer will nun der Union das Recht absprechen zu verlangen, daß Europa Amerika unangetastet lassen soll, so lange als dies Europa unangetastet läßt? —

Aber wir greifen der Geschichte vor. Maximilian ist ein Mann, den der ärgste Monarchenhasser dennoch ehren muß. Obschon ein Fürstensohn, hat er es durch vielen Fleiß zu einer gründlichen Gelehrsamkeit gebracht. Er ist der Verfasser einer vortrefflichen Rhetorik, so wie auch einiger Reisebeschreibungen und Gedichte. Auch hat er sich als Admiral in der östreichischen Flotte unter allen Volksklassen sehr beliebt gemacht.

Ganz recht, Maximilian ist ein tüchtiger Mann.
Aber sicherlich giebt es viele tüchtige Männer. Warum
denn hat Maximilian mehr Recht als diese, sich Mon=
tezuma's Krone anzueignen? Ja so! Er ist Katho=
lik; und vom Papste selbst zum mexikanischen Kaiser
gesalbt worden. Wer giebt dem Papste das Recht zu
einer solchen Salbung? und wer will sie für gültig er=
klären? Ist es Katholicismus, den Mexiko bedarf?
Wir haben gesehen, daß es dessen sattsam hatte und daß
es eben dieser Katholicismus war, welcher Mexiko in
den Abgrund des Verderbens gestürzt hat.

Am 12. Juni 1864 hielt Maximilian seinen
Einzug in die Metropole Mexiko's. Es wird berichtet,
daß er mit vielen Jubel empfangen wurde. Und wa=
rum nicht? Die Leperos jubeln immer; jubelten sie
doch auch als General Scott seinen Einzug feierte!

Uebrigens ist die Stelle Maximilians nicht zu be=
neiden. Er ist und bleibt, so lange er in Mexiko ver=
weilt, Napoleon's Geschöpf und muß sich unbedingt
seinem erratischen Willen fügen. Zudem tritt er die
Regierung mit einer Schuldenlast von 300 Millionen
Thalern an. Außerdem besitzt er keine Marine, muß,
ohne bemittelt zu sein, eine französische oder östreichische
Armee unterhalten und schließlich findet er sich von
Juarez und seinen treuen Anhängern noch immer be=
fehdet.

Natürlich besitzt er den Beistand und Einfluß des
Klerus. Dieses ist, wie wir gesehen haben, sehr viel,
wenn nicht alles. Aber auf der anderen Seite finden
wir, daß Juarez ein Indianer ist und somit den Bei=
stand seiner Landsleute hat. Hier finden wir zwei
mächtige Uebel; das erste ist Aberglauben, durch den
Klerus unter den Massen befördert; das zweite ist die
bestehende Feindseligkeit unter den weißen und braunen
Rassen. Die letztere kämpft für Juarez, den braunen
Präsidenten; die erstere für Maximilian. Wird Aber=
glauben Rassenvorurtheile bezwingen können?

Französischen Berichten zufolge wäre zwar Maxi=
milian schon ein gemachter Mann, indem angegeben
wird, daß schon 200 Generäle und noch mehr Oberste
von seiner erlassenen Amnestie Gebrauch gemacht und
sich in's Privatleben zurück gezogen hätten.

Das mag wahr sein und klingt auch ganz hübsch
in den Ohren solcher die nicht mit der Veränderungs=
lust der Mexikaner vertraut sind. Wehe dem, der den
Mexikanern traut! — Aber auch abgesehen davon,
der „letzte Mexikaner“ hat sich noch nicht ergeben.
Ein ihm gemachtes Anerbieten wurde stolz von ihm
zurück gewiesen.

Ein längeres Schreiben, welches dieses Anerbieten
hervorrief, beschließt der edle Juarez mit folgenden
treffenden Worten: „Sie sagen ferner,“ so schließt der

der Präsident, „daß sie nicht bezweifelten, durch eine Berathung unter uns werde der Friede herbeigeführt und mit demselben daß Glück der mexikanischen Nation; sie sagen ferner, daß dann in Zukunft das Reich mich auf einen hohen Ehrenposten erblicken solle, wo meine Talente ihre wahre Beschäftigung finden könnten. Es ist gewiß, daß die Geschichte unserer Zeit die Namen großer Verräther aufbewahrt, welche Eide, Ehrenwort und Versprechungen gebrochen haben, welche ihrer Partei und ihren Grundsätzen, so wie ihrer Vergangenheit und Allem was dem Menschen theuer und heilig sein muß, untreu geworden sind. Aber der, welcher jetzt mit dem Amt eines Präsidenten der Republik bekleidet und dessen Herkunft aus den niedern Schichten des Volkes herge= leitet ist, wird nur unterliegen, wenn die Weisheit der Vorsehung dies bestimmt; er wird bis zum Ende aus= harren, um den Hoffnungen der Nation, an deren Spitze er sich befindet zu entsprechen und er wird nur dasjenige thun, was ihm sein Gewissen vorschreibt."

In der That hohe Worte von einem hohen Manne, den man einen verächtlichen Indianer schilt! Sie hauchen den Geist eines ächten Demokraten und Patrioten.

Seit letzterer Zeit läßt sich nicht viel Gewisses in Bezug auf Erfolg oder Erfolglosigkeit der Republikaner sagen. Nach einem jeglichen Treffen beanspruchen beide Parteien den Sieg. Sicher ist's, daß Juarez keine feste Einnahme hat und somit gezwungen ist durch Wegnahme von Privateigenthum seine Truppen zu bezahlen. Dieses erregt natürlich mehr und mehr allgemeine Empörung; und wenn nicht die Union auf direkte oder indirekte Weise bald eine hülfreiche Hand bietet, so ist wo nicht das Schicksal der mexikanischen Republik, doch das des treuen Präsidenten Juarez entschieden. Selbstverbannung wird schließlich die einzige Alternative sein.

So haben wir in Kürze die Geschichte der mexikanischen Republik durchgangen. Ihr Anfang, ihr Fortgang und Untergang — alle waren tragisch. Das reichste Land der Erde ist zu einem der ärmsten, das freiste zum geknechtetsten, das schönste zum unzugänglichsten der Erde geworden.

Und wann wird der Himmel das Priesterthum, die Finsterlinge, die schwarzen Seelen unter schwarzen Kutten für die Anstiftungen all dieses Unheils genügend bestrafen?

Nicht mit Hidalgo und Morales zürnen wir, welche zuerst gegen spanische Tyrannen die Waffen ergriffen. Obschon Priester, besaßen sie doch schöne, edle Seelen. Jedoch mit Recht sind wir empört über die satanische Menge, welche absichtlich dahin strebte das Volk zu verdummen und zu verthieren, damit es auf diese Weise für eine republikanische Regierung unbefähigt würde.

Doch nur ruhig! — Maximillian I. ist Kaiser
von Mexiko und sitzt auf demselben Throne, auf welchem
Iturbide I. vor 40 Jahren saß. Die Geschichte wird
lehren, welcher von beiden der erfolgreichste sein wird.

Kapitel XII.

Für Auswanderungslustige. Rundschau in Mexiko. Matamores. Leben auf dem Lande. Prairie-Hunde. Buffaloheerden. Monterey. Pferdejagd. Unter den Gebildeten. Schafzucht. Prairiefeuer. Mexikanische Soldaten. San Luis de Potosi. Weinbau. Räuber.

Da nun ein deutschredender Kaiser in Mexiko regiert, richten sich die Augen vieler auswanderungslustigen Deutschen nach jenem Lande, begierig zu erfahren, ob sein Klima und die Fruchtbarkeit des Bodens ihren Wünschen entspricht. Noch mehr; von Maximilian ausgesandte Agenten durchstreifen Deutschland, überall mit dem Ersuchen nach Mexiko überzusiedeln. Daß der dortige Kaiser sehr viel durch die Einwanderung von fleißigen, beständigen Deutschen gewinnen würde, ist gewiß; jedoch ob es rathsam für dieselben, unter jetzigen Umständen nach Mexiko überzusiedeln, dürfte wohl zu bezweifeln sein.

Doch wir wollen nicht urtheilen. Wir begnügen uns mit dem Leser einen friedlichen Streifzug durch Mexiko zu machen. Hier kann der Leser selbst sehen und hören und somit ein eigenes Urtheil fällen.

Uns direkt nach Veracruz, dem Haupthafen von
Mexiko, einzuschiffen wäre gefährlich, indem dort das
ganze Jahr hindurch das gelbe Fieber herrscht. Aller=
dings würden wir hier die saftigsten Früchte vorfinden;
aber zugleich auch Muskitos, Sandflöhe, giftige Schlan=
gen und Alligators. Und ferner, würden wir uns
durch jene Früchte da wir noch nicht klimatisirt sind,
gewiß ein häßliches Fieber zu ziehen. Auch müßten
wir von da aus die steilen Cordilleras übersteigen, was
uns gewiß gleich beim Anfange der Reise in das In=
nere des Landes sehr ermüden würde.

Wir ziehen vor, uns über Galveston nach San
Antonio in Texas zu begeben, um uns für die Reise
vorzubereiten. Wir kaufen ein jeglicher einen Pony
und Maulesel. Letzterer muß unser Gepäck tragen.
Dieses besteht aus einigen wollenen Decken, getrocknetem
Rindfleisch, gemahlenem Kaffee, sowie Kaffeetopf,
Pfanne und Wasserflasche. Ein 30 Ellen langer Strick
für ein jegliches Thier darf nicht fehlen.

Im Februar geht's fort. Die Regenzeit ist vor=
über und die Prairien sind überall mit neuem Grün
bekleidet. Auch wilde Blumen aller Gattungen und
Farben versüßen die Luft. Im Uebrigen ist alles höchst
monoton. Nach allen Seiten bietet sich nichts unseren
Blicken dar als Gras, Blumen und Cactus. Gegen
Abend erreichen wir einen kleinen Bach, welcher von
einigen Weiden beschattet wird. Hier verbleiben wir

die Nacht. Schnell wird abgesattelt, die Thiere an den langen Strick gebunden, dessen eines Ende an einen Pfahl befestigt wird. Nachdem sie getrunken, finden sie hier während der Nacht ihr Futter. Nun wird Feuer angezündet, Kaffee gekocht, Fleisch gebraten und dann gespeist. Da das Fleisch mager und trocken, wäre Brod überflüssig. — Der Boden bildet unseren Tisch, der Raasen das Tuch und unsere Finger müssen die Stelle der Gabeln versehen.

Aber wo schlafen? Hier, unterm freien Himmel. Hier auf dem weichen Grase breiten wir unseren Teppich aus; unsere Sattel dienen uns als Kopfkissen; und nun — gute Nacht bis zum andern Morgen! Mit Tagesanbruch wird das beschriebene Küchenregimen wiederholt und dann gehts weiter.

Nach drei Tagen langen wir in Brownsville am Rio Grande an. Es ist eine kleine, aus Bretterhütten aufgeführte Stadt. Ohne zu verweilen besteigen wir ein Ferryboat und lassen uns über den Fluß nach dem gegenüberliegenden Matamoras fahren.

Da Matamoras an der Grenze von Texas liegt, so finden wir hier viele Ausländer. Wie in der Hauptstadt sind hier die Straßen breit, die Häuser viereckig und mit platten Dächern, die Hotels schlecht und die Bedienung sehr theuer. Hier, wie überall in Mexiko, fühlt ein Reisender sich selten behaglich wegen der Schüchternheit der Mexikaner; — eine Schüchternheit welche klärlich kund thut, daß ein jeder Fremder als ein Spißbube betrachtet wird.

Nachdem wir uns mit etwas Wein versehen, brechen wir auf nach Monterey. Obschon unser Weg größtentheils über Prairien führt, so wird die Umgebung schon weit lebhafter, als wir sie in Westtexas vorfanden. Wir treffen Waldungen den Bächen entlang; und neben diesen treffen wir Dörfer, Plantagen, Rancheros und Farmen. Wir kehren bei einem derselben ein und laben uns an kühler frischer Milch.

Der Farmer ist ein fleißiger Indianer. Seine Kinder laufen nackt herum und spielen mit den Ferkeln. Seine Frau, schmutzig und nur spärlich bekleidet, ist mit der Bereitung von Butter beschäftigt, welche von Marktkrämern gekauft wird. Das kleine Feld ist wohl 5 Acker groß, ist eingezäunt und mit Mais und Baumwolle bepflanzt.

Weiter! — Hier wohnt ein Ranchero. Seine Wohnung besteht aus einer, aus ungebrannten Lehmsteinen aufgeführten Hütte. Seine Frau und Kinder sind seine Sklaven und gerade ihm in der Bereitung von trockenem Rindfleisch behülflich, mit welchem er seinen Handel treibt. Diese Bereitung besteht im Zerschneiden des Fleisches in ganz dünne Scheiben, wonach sie in der Sonne getrocknet werden.

Weiter! — Sollen wir bei jenem Plantagenbesißer diese Nacht verweilen? Gut. Die Einwohner des

Hauptgebäudes sind Creolen. Ein Diener fragt nach unserem Begehren. Der Frage folgt die Antwort; und wir werden von einer Dame gastfreundlich empfangen. Sie ist eine Wittwe. Ihr Mann war General in der Armee und fiel in der Slacht bei Puebla. Sie wünscht ihre Plantage von 1000 Acker Land für 50,000 Dollars zu verkaufen, um in's Ausland zu ziehen. Hier wäre ein gutes Geschäft zu machen, denn mit den nöthigen Arbeitskräften könnte man alljährlich für 25,000 Dollars Baumwolle ziehen.

Gut geschlafen? Vortrefflich! Reiten wir ehe es zu heiß wird. Wir fragen nach unserer Schuld. Es ist eine Bitte bald wieder zukommen.

Heute geht's wieder über eine unabsehbare Prairie. Wie kommt es, daß hier auf einer Strecke von einer Meile kein Gras steht, sondern daß vielmehr der Boden aussieht, als ob er erst kürzlich bearbeitet sei? Es ist ein Dorf von Prairie-Hunden, welche hier ihre Höhlen haben. Sie wohnen in Familien biesammen. Fortwährend haben sie Wachen ausgestellt, um eine herannahende Gefahr anzukündigen. Naht jemand, so verschwinden sie plötzlich in ihren unterirdischen Wohnungen. Sie haben die Größe eines Kaninchens, sind vollkommen nackt und bellen ähnlich wie Hunde. In diesen Dörfern wohnen viele tausend Familien beisammen.

Der Tag ist heiß; aber nirgends ein Baum. Nun, — einen Trunk Wein und dann weiter. Taucht eine schwarze Wolke nicht dort am fernen Horizonte auf? O weh! Es ist eine Heerde Buffalos, welche von Jägern verfolgt, dieses Weges gerannt kommt! was thun? — Zurück! schnell zurück! So, hier in diesen breiten Graben hinein mit Pferd und Esel! — Es war eine durch Regenwasser entstandene Ravine. Kaum dort geborgen, kam schon die wilde Heerde heran. Die Erde erzittert! — sie bebt! — Sie kommen! sie kommen!! — — Heil uns! wir sind geborgen! Der Graben war unsere Rettung. Sämmt= liche Buffalos sprangen im wilden Rennen über den Graben und über uns hinweg.

Am folgenden Tage wird die Umgegend schon etwas gebirgig. Auch treffen wir jetzt Tannen= und Eichen= wälder; — die sichern Kennzeichen, daß miasmatische Fieber in dieser Gegend nicht hausen. Auch treffen wir hier Farmen, wo Roggen und Weizen vortrefflich gedeihen. Wollte ich nach Mexico emigriren um den Ackerbau zu betreiben, so würde ich mich unbedingt in dieser Gegend ankaufen. Das schönste Land kann hier noch für einen halben Thaler gekauft werden. Auch Viehzucht wird hier viel getrieben.

Nun, da wären wir ja in Monterey. Wir stei= gen in einer Herberge ab, geben unsere Thiere einem Knechte, baden, speisen und besehen uns die Stadt. Kaum ausgegangen, treffen wir einen Bekannten, Dr. Pleasant, welcher hier ansässig ist. Er sagt uns, daß mehrere seiner Freunde Anstalten träfen, am folgenden Tage wilde Pferde zu jagen. Wir werden eingeladen Antheil zu nehmen. Eh bien.

In einer Gesellschaft von 20 Jägern ging's fort. Jene Pferde haben ihre gewissen Örter wo sie grasen und laufen. Gewöhnlich ist ihre Bahn ein 5 Meilen großer Cirkel. Diesen merkt man sich. Die Jäger werden, mit guten Lassos (Wurfseilen) ausgerüstet, einzeln längs der erkundigten Linie aufgestellt. Bald trafen wir eine Heerde von ungefähr 200, worunter auch mehrere Füllen. Nun ging das Jagen los. Immer wieder rannten sie in ihren Kreis. In Zeit von 3 Stunden hatte ein jeder Jäger sein mun= teres Pferd. Nur wir Uneingeschulten hatten — das Zusehen.

Unser Freund Pleasant machte uns nun mit seiner Familie bekannt, bewirthete uns mit gutem Kaffee und guten Cigarren und zeigte uns dann die Hauptmerkwürdig= keiten der Stadt. Aber was sind die Merkwürdigkeiten in einer mexikanischen Stadt? Blos Kirchen, Klöster und Heiligenstatuen. Uebrigens gilt Monterey für die hübscheste Stadt des ganzen Landes; aber es beruht diese Idee wohl mehr auf der romantischen Umgebung als auf der Schönheit der Stadt selbst. —

Auf unserem Spazierwege erfuhren wir von unse= rem Freunde, daß deutsche Aerzte, Professoren, Lehrer und auch Handwerker sehr gute Geschäfte in Monterey

machen könnten. Seit dem Beschlusse der amerikani=
schen Rebellion haben sich viele texanische Rebellen dort
ansässig gemacht.

Am Abend führte uns Dr. Pleasant bei einer
vornehmen Familie ein. Wir waren erstaunt zu finden,
daß die Damen mit den Herren höchst unbefangen
in die Wette rauchten! Die Unterhaltung war lebhaft
und interessant. Politik war das Centrum, der Radius
und die Circumferenz von allem was gesagt wurde.

Am folgenden Morgen beabsichtigten wir in nord=
westlicher Richtung abzureisen, um die Gold= und
Silberminen Mexicos näher kennen zu lernen; doch
wurde uns hiervon abgerathen, weil dort die Ca=
manches mordend umherstreifen. Diese Barbaren kennen
kein Erbarmen: sie morden aus Lust. Wir beschlossen
somit über Saltillo nach San Luis de Potosi aufzu=
brechen.

Adieu Monterey! — Nun ging's südwärts. Schon
am ersten Tage sprachen wir bei einem Viehzüchter vor,
welcher viele tausend Schafe besaß. Er war ein Eng=
länder und sehr einsichtsvoller Mann. Er erzählte,
daß er früher Ackerbau getrieben, aber der allzugroßen
Dürre wegen es sich nicht gelohnt hätte. Er meinte
und wir glauben es mit ihm, daß von allen Ge=
schäften in Mexiko die verfeinerte Schafzucht das Ein=
träglichste sei. — Auch erzählte er uns, daß das dor=
tige Jagdrevier ein vorzügliches sei: Hirsche, wilde

Puter und Eber gebe es in großer Menge. Er zeigte uns nicht weniger als 40 getrocknete Hirschhäute, deren frühere Inhaber er selbst binnen drei Monaten erlegt habe.

Die Nacht verbrachten wir in Saltillo, und mit Tagesanbruch waren wir schon wieder auf der Reise. Einen Nebenarm der Cordilleren hatten wir schon überschritten und reisten nun längs der östlichen Grenze der vielbesprochenen Sierra Padre zu, einer über 100 Meilen langen Prairie, ohne jeglichen Wald oder Hügel. Diese Prairie grenzt etwas weiter südlich schroff an die steilen Cordilleren. Diese Grenze bildete nun unsere Straße.

Welch eine romantische Gegend! Zu unserer Linken die steilen und baumreichen Gebirge, von denen wilde Bäche sich lärmend niederstürzen; zur Rechten eine unabsehbare Fläche von Gras! — Dies ist der gesuchteste Ort für Rancheros. Sie wohnen im Schatten der hohen Bäume am Fuße des Gebirges, während ihr Vieh auf erwähnter Prairie weidet und lebt.

Wir hatten bemerkt, daß der Boden auf der Prairie durchgängig rabenschwarz war, während der längs den Gebirgen gelblich oder röthlich war. Dieses, wurde uns erklärt, rühre von den vielen Prairiefeuern her, welche wohl seit Jahrtausenden dort geherrscht haben. Dies ist wahrscheinlich. Das alljährlich niedergebrannte Gras mag wohl diese Farbe bewirken.

Was bedeuten denn jene ungeheuern Rauchwolken? Wirklich! wirklich! es ist ein Prairiefeuer! — Seht nur, wie das arme Vieh rennen muß um den Flammen zu entgehen! Wie der Wolf die Heerde, so jagt das Feuer Wölfe, Hirsche, Kühe, Pferde, Schlangen und Vögel vor sich her. Vom Sturme getrieben schreiten die Flammen sehr rasch weiter. Manches arme Thier erliegt ihrer Wuth.

Diese zeitweiligen Feuersbrünste sind jedoch der Viehzucht sehr dienlich. Das alte Gras, zuweilen 6 Fuß hoch, müßte durch Fäulniß aus den Wege geräumt werden, damit das junge Gras wieder emporkommen könnte. Auf diese Weise jedoch hat das Vieh immer frische Weide.

Aber da! — Truppen welche uns entgegen kommen! Wehe! nun ist's mit uns aus. Zu fliehen ist unmöglich. — Nur ruhig, es sind keine Räuber; sie gehören der Armee des Juarez' an. — Sie haben gute Pferde und Waffen. Aber wie verschieden sehen diese Soldaten aus von denen in Deutschland! Uniformen erachtet man hier als überflüssig. Größtentheils tragen sie breiträndrige Strohhüte, dunkle, baumwollene Hemden und hirschlederne Hosen, welche mit einer rothen Schärpe auf den Hüften festgebunden werden. Außerdem tragen sie durchgängig sehr große Sporen, an welchen kleine Glocken befestigt sind.

Nach 8 Tagen langten wir in San Luis de Potosi

an. Aber kaum waren unsere Pferde gefüttert, und noch hatten wir unsern Kaffee nicht genossen, als plötz= lich Kanonendonner erschallt! Schon kommen einige Bomben in die Stadt! Was kann dies bedeuten? Es ist Juarez mit seinen Anhängern, welche die hier stationirten Franzosen angreifen. — Wir satteln schnell, und — weiter!

Gegen Abend langen wir auf unserem Wege nach Tampico bei einem Farmer an. Es ist ein Mestize, aber ein wohlhabender und artiger Mann. Am fol= genden Morgen zeigte uns dieser seine Weinberge. Der üppige Wuchs der Rebe, sowie der köstliche Geschmack des alten Weines zwang uns zum Geständnisse, daß dem Weinbau in Mexico eine große Zukunft bevorstehe.

Auch zeigte er uns weitverzweigte Ruinen und verfallene Terrassen vorgeschichtlicher Zeit. Hier sind viele unbekannte Münzen, irdene Gefäße, verrostete Waffen u. s. w. aufgefunden worden; — sichere Kenn= zeichen, daß schon vor vielen tausend Jahren ein civili= sirtes Volk hier wohnte.

Wir verblieben bis zum folgenden Tag. Aber ehe noch der Tag graute, weckt uns unser Wirth und klagt uns, daß während der vergangenen Nacht sämmt= liche Pferde von seiner Farm gestohlen seien. Nur zu wahr. Pferde, Esel und Sättel waren dahin. Eine Räuberbande hatte sie entwandt. Noch mehr! Auch unsere Taschen waren entleert! Wahrscheinlich wurden wir unter dem Einfluß von Chlorophorm betäubt und dann beraubt.

Nun trifft auch noch die Nachricht ein, daß in Tampico, wo wir uns nach Deutschland einzuschiffen gedachten, gegenwärtig das gelbe Fieber sehr verderblich herrsche. Was nun thun? Ohne Pferd, ohne Geld, und dazu starrt uns ein schrecklicher Tod ins Gesicht!

So! — Ja, Undank ist der Welt Lohn: — die Schuld wird auf mich geschoben. Ich hätte dieses vor= her wissen sollen; — hätte sollen einen anderen Weg einschlagen u. s. w. u. s. w. Nun gut! meine Herren und Damen, ich bringe sie zurück, wie ich sie hier habe hergebracht: mit — Gedankenschnelle!

Göttingen,
Druck der Dieterichschen Univ.-Buchdruckerei.
W. Fr. Kästner.